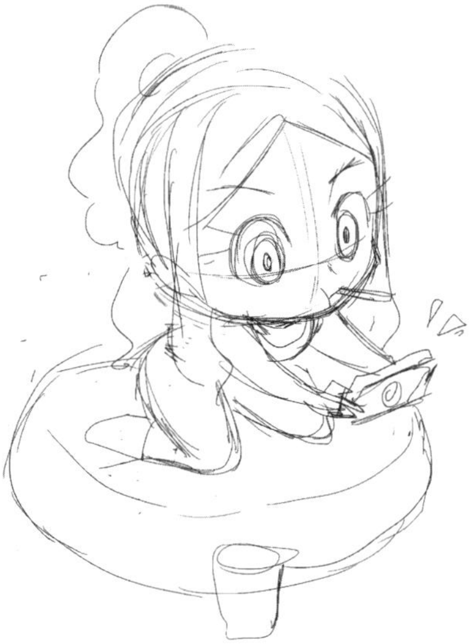

I0823092

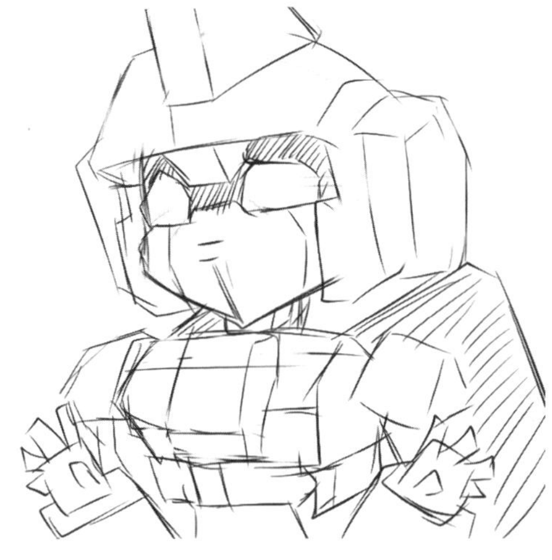

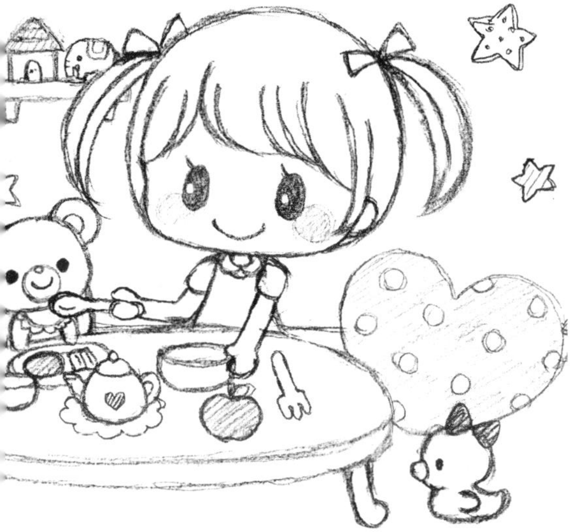

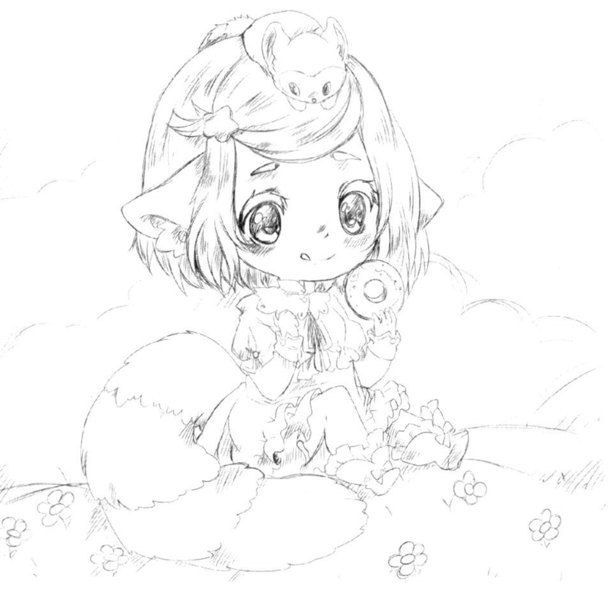

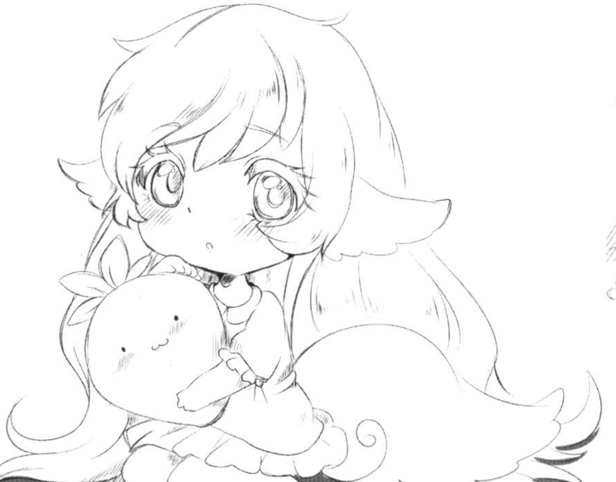

MANGA MASTER CLASS

CHIBI

© 2022 Monsa Publications

First edition in 2022 April by Monsa Publications,
Gravina 43 (08930) Sant Adrià de Besós.
Barcelona (Spain)
T +34 933 810 093
www.monsa.com monsa@monsa.com

Editor and project director: Anna Minguet.
Designer and art director: Eva Minguet.
(Monsa Publications)

Printed in Spain by Cachiman Gràfics.
Translation by SomosTraductores.

Cover illustration courtesy of Meago
www.meagolicious.com
Back cover illustrations courtesy of Legalette
www.deviantart.com/legalette

Shop online:
www.monsashop.com

Follow us!
Instagram @monsapublications

ISBN 978-84-17557-46-1
D.L. B 3842-2022

All rights reserved. No part of this book may be used or reproduced in any manner whatsoever without written permission except in the case of brief quotations embodied in critical articles and reviews. Whole or partial reproduction of this book without the editor's authorisation infringes reserved rights; any utilization must be previously requested.

"Queda prohibida, salvo excepción prevista en la ley, cualquier forma de reproducción, distribución, comunicación pública y transformación de esta obra sin contar con la autorización de los titulares de propiedad intelectual. La infracción de los derechos mencionados puede ser constitutiva de delito contra la propiedad intelectual (Art. 270 y siguientes del Código Penal). El Centro Español de Derechos Reprográficos (CEDRO) vela por el respeto de los citados derechos".

MANGA MASTER CLASS

CHIBI

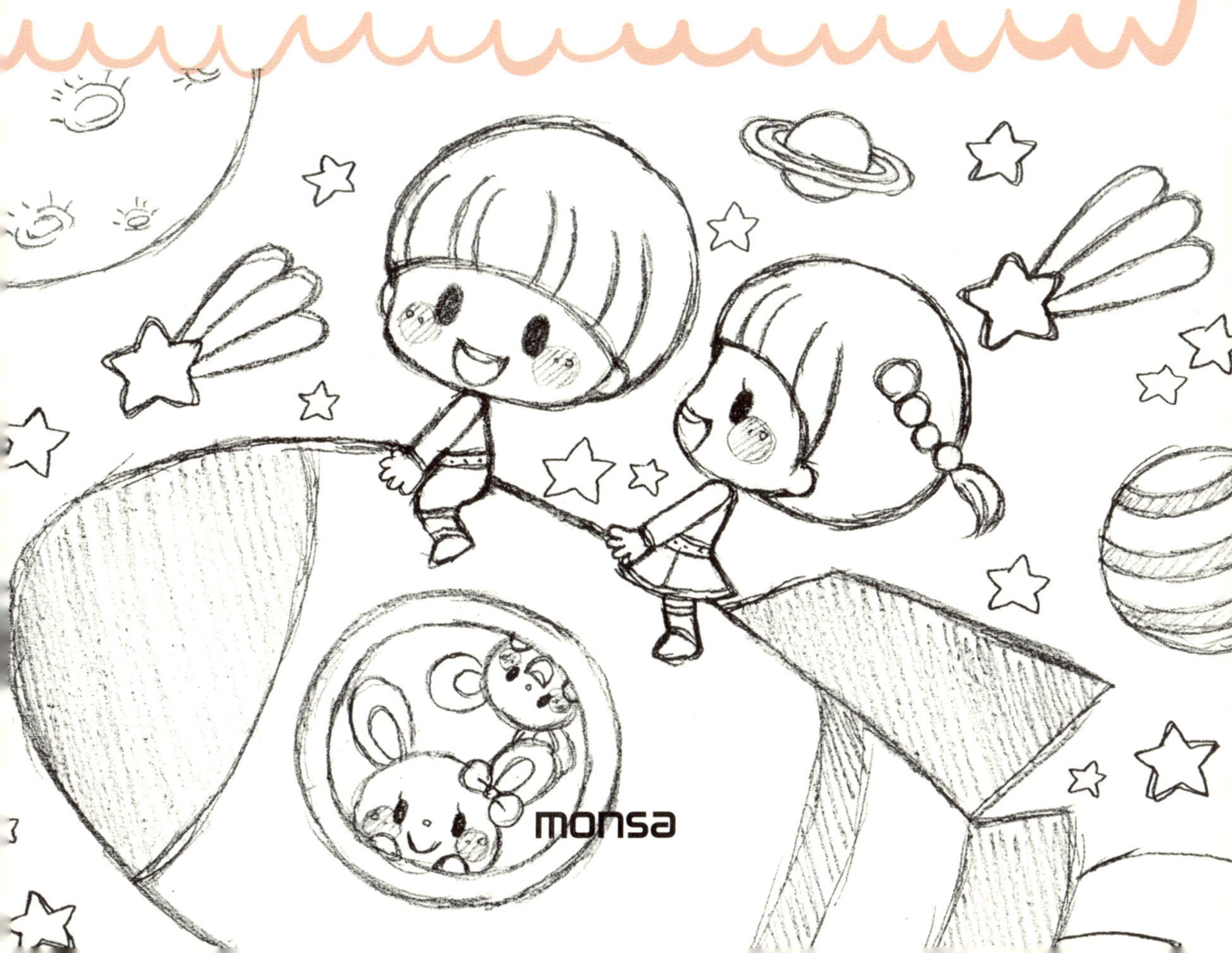

monsa

WHAT IS A CHIBI?

From their big bright eyes and chubby cheeks to their childlike cuteness and adorable expressions, it's hard not to fall in love with Chibi Mangas.

The origin of many of popular chibis are the result of creating a child version of adult characters from well-known anime series such as Sailor Moon, Naruto, Dragon Ball, and One Piece.

Chibi is a Japanese word from the otaku culture and means "small child." It has since become a popular term used to refer to childlike characters that, in the world of manga illustrations, have very distinctive features: large heads, small bodies, and large, expressive eyes. They're also usually dressed in cute outfits that emphasize their sweet, childlike nature.

In this latest addition to the manga series, you'll discover a practical step-by-step handbook for learning how to draw, illustrate, and digitally enhance these adorable characters. Tutorials range from creating your own chibi fairy princess to chibi mermaids, ghosts, and even a chibi robot.

¿QUE ES UN CHIBI?

Cuando usamos la palabra "Chibi" para definir un estilo de ilustración, nos referimos a personajes infantiles en muchos casos de niños pequeños.

Chibi es una palabra de origen Japones de la cultura Otaku, que sirve para niños o bebes y que en el mundo de la ilustración Manga se utiliza para aquellas ilustraciones de personajes pequeños e infantiles, con unos rasgos muy característicos: cabezas grandes, desproporcionadas a comparación con el cuerpo, ojos traviesos, siempre envueltos de ternura, diversión y alegría. El estilo de ropa puede ser de muchas maneras, sabiendo que siempre sea el estilo que sea, deben ser cute.

El origen de muchos de los Chibis surge a raíz de crear la versión más infantil de personajes adultos, de las series más conocidas del anime como Sailor Moon, Naruto, Dragon Ball, One Piece...

En esta última edición de Manga, descubriremos un práctico manual paso a paso para aprender a dibujar, ilustrar y mejorar digitalmente estos adorables personajes. Los tutoriales van desde como crear un Hada Chibi, Sirenas, Fantasmas e incluso Robots Chibis.

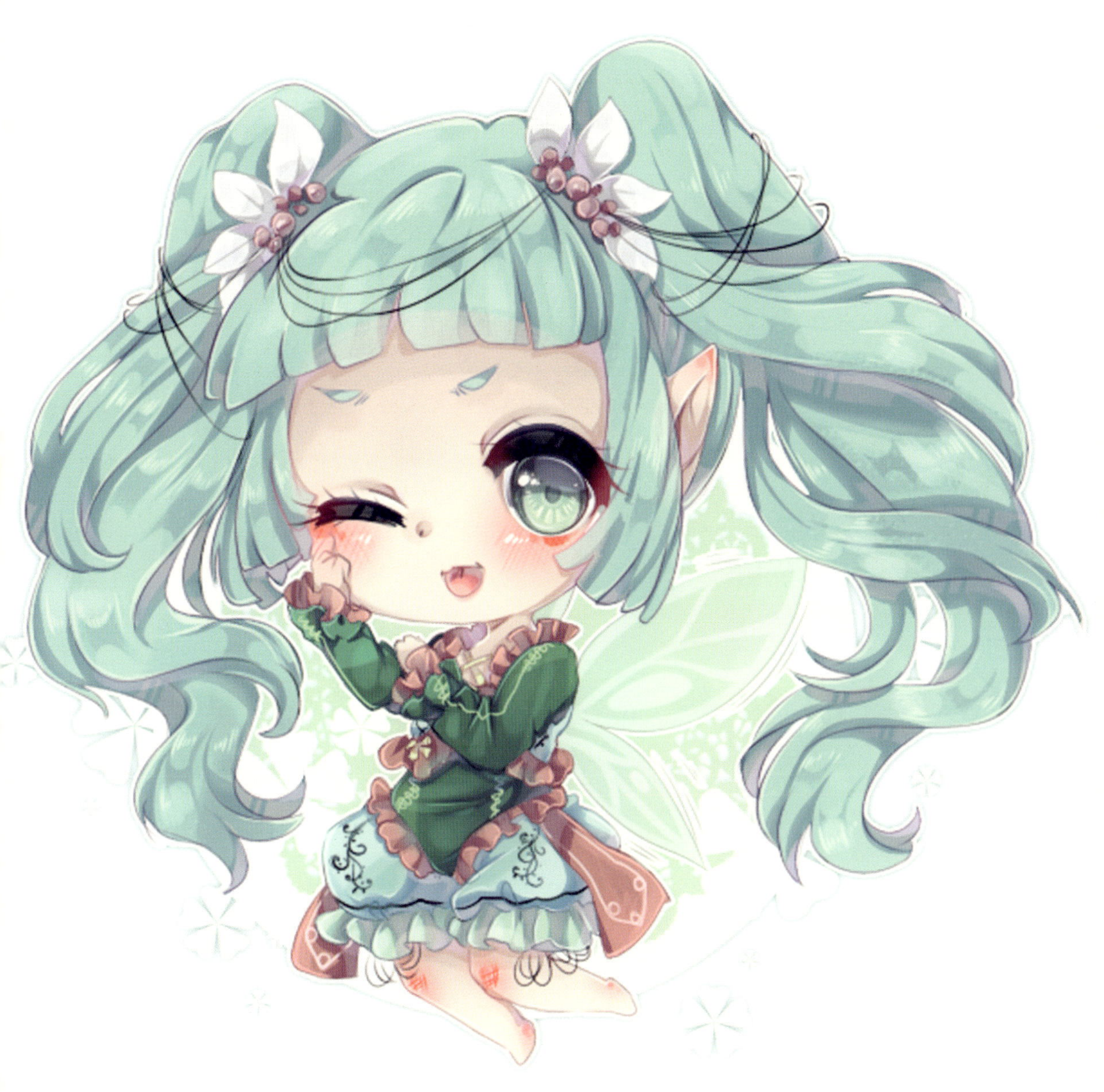

Artist: Ame

Web: www.deviantart.com/blanchiame

INDEX • INDICE

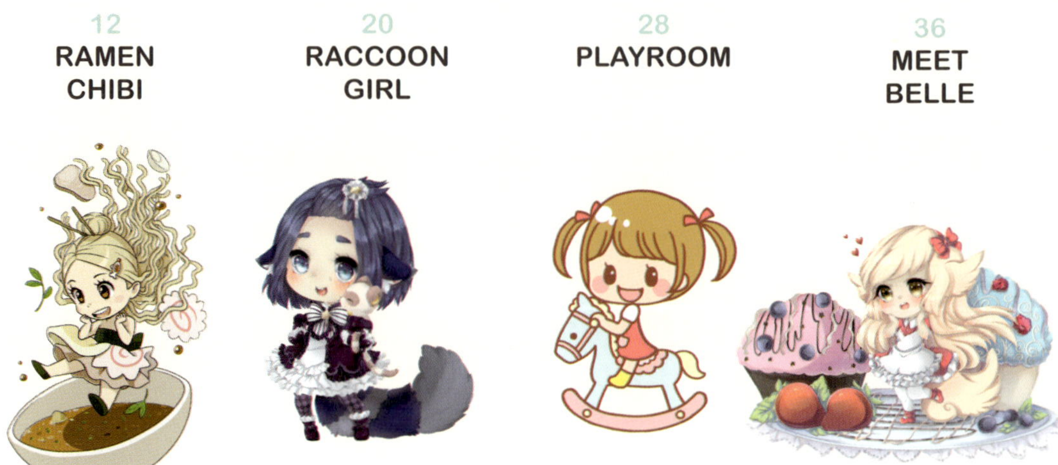

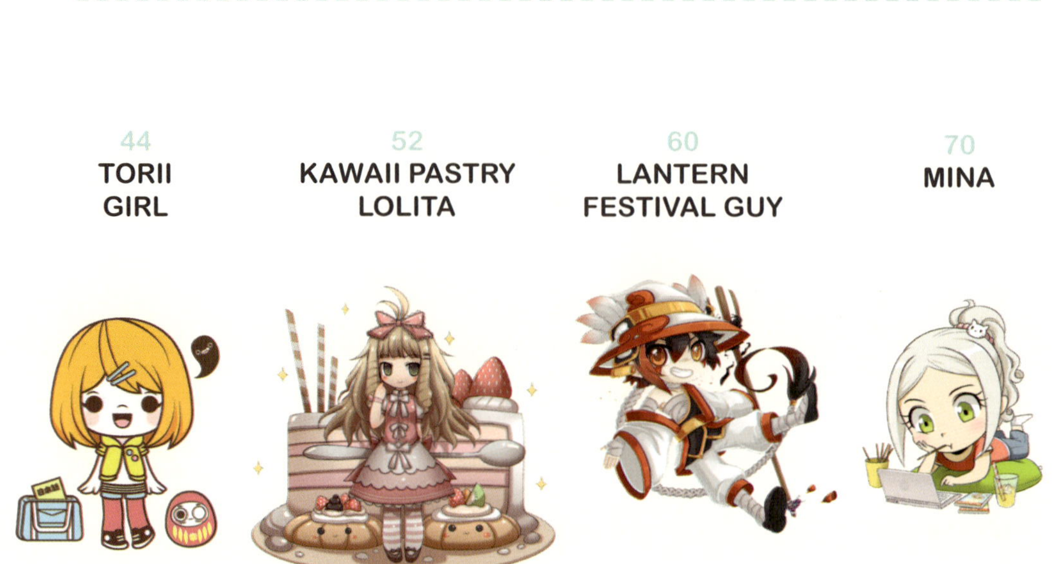

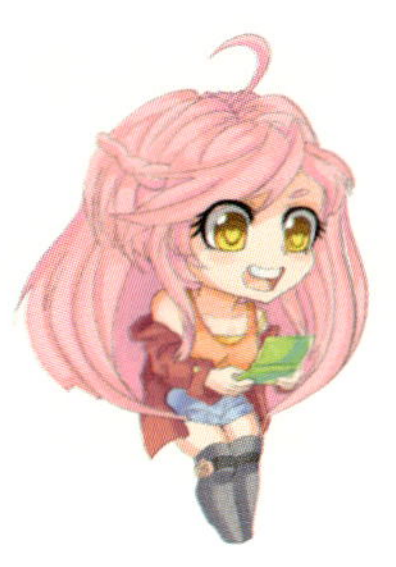

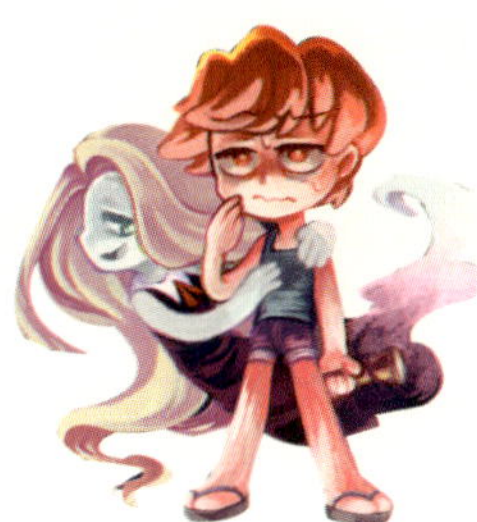

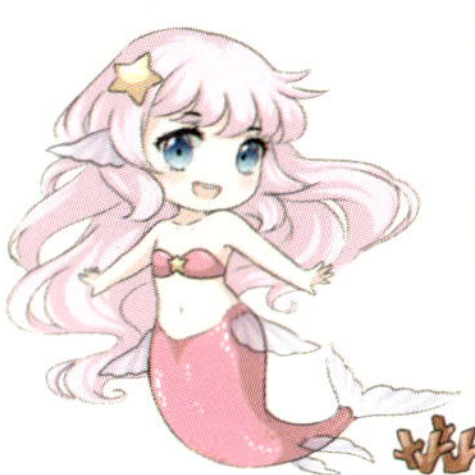

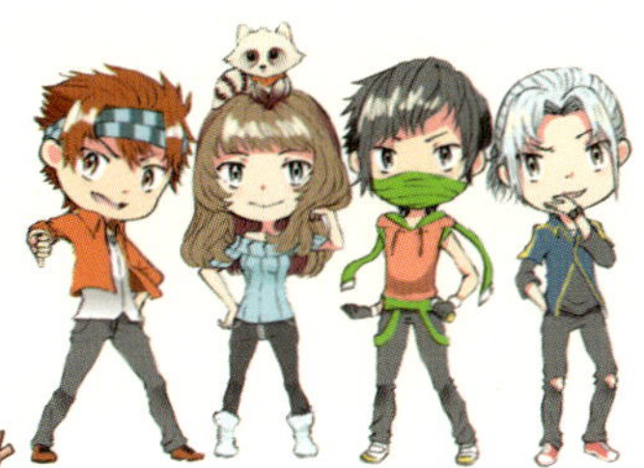

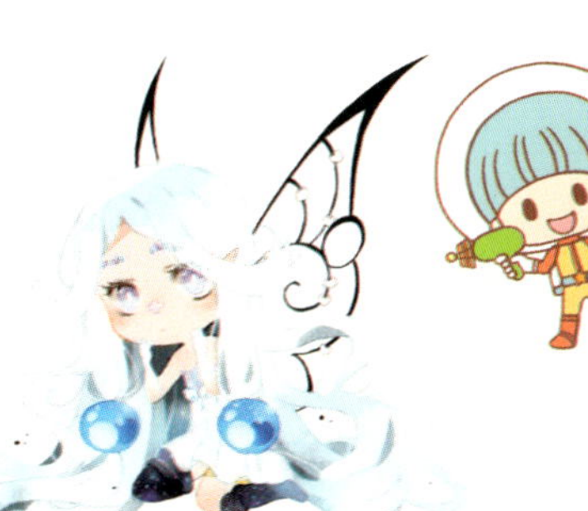

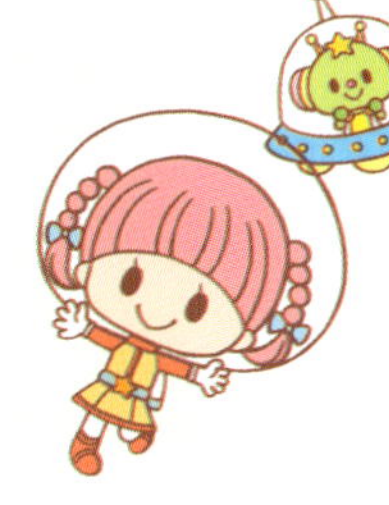

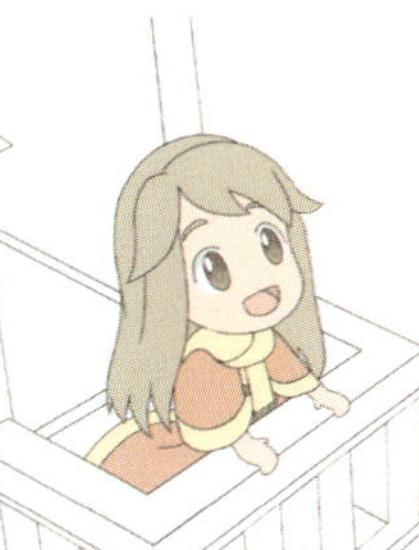

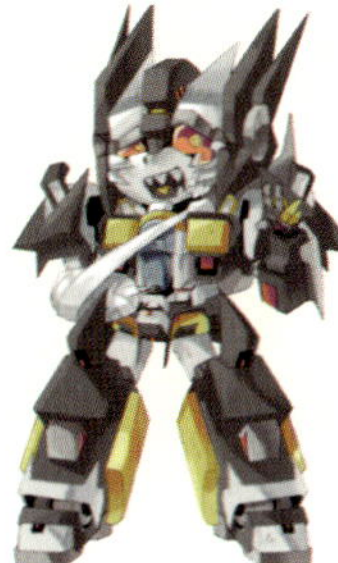

CREATING A CHIBI
STEP BY STEP

In this book, you'll find 16 chibi mangas created by artists from around the world. Each artist presents their initial sketches for their character. After picking the one they like best, they'll take it through the following steps as listed below to the finished illustration.

STRUCTURE: preliminary sketch to set up the chibi's stance and proportions.

VOLUME: Using the structure to create the body of the chibi, being sure to make the head larger than the body.

Anatomy: Adding features such as the eyes, nose, mouth, and ears, as well as hair and eyebrows.

Detail: One of the most important steps, this is where you incorporate details such as clothes, accessories, animals, objects, and scenery to help define the personality of your chibi.

COLOR: This step is usually divided into two parts. In the first part, use flat colors to define and differentiate. In the second part, add shadows and highlights to give volume and realism to your characters.

BACKGROUND: This step is also divided into two parts. In the first part, add various decorative elements to the preliminary background drawing to give it a more realistic scene. In the second part focus on applying different textures, in addition to playing with shadows, to give depth and volume to the work.

And finally, **FINISHING TOUCHES** and **TIPS & TRICKS**, where each illustrator indicates some tricks to facilitate and improve the working proccess.

CREA UN CHIBI
PASO A PASO

En este libro contamos con 16 trabajos de estilo Chibi Manga, de artistas muy variados. Veremos como es el proceso de creación, desde la selección del trabajo en la que cada artista nos presentan 2 bocetos, y un tercero que se amplia en los siguientes pasos.

ESTRUCTURA: *Donde creamos con lineas las proporciones de Chibi y su postura.*

VOLUMEN: *Dando el grosor al cuerpo y la cabeza, creando las proporciones para nuestro personaje.*

Anatomía: Colocando los ojos y la boca en el rostro del Chibi, el pelo, cejas y orejas.

Detalles: Este es uno de los pasos más importantes ya que se define la personalidad de nuestro Chibi, colocando la ropa y todo tipo de complementos, incluso añadiendo algún elemento como un animal, un objeto, un decorado…

COLOR: *Este paso se suele dividir en dos partes, ya que en un principio coloreamos con tonos planos, simplemente para definir y diferenciar, y un segundo paso de color, donde añadimos sombras, y diferentes matices para dar volumen y realismo a nuestro personaje.*

FONDO: *Este es otro paso que encontraremos en dos partes, se crea un fondo inicial, para situar al personaje en el centro, y se aportan diferentes elementos decorativos para dar más realismo al trabajo, en la segunda parte del paso fondo veremos como hay artistas que aplican diferentes texturas, que juegan con las sombras para dar volumen y profundidad al trabajo, y aplican brillos para crear luminosidad.*

Y por último el paso ***ACABADOS FINALES*** *y* ***TRUCOS y CONSEJOS****, donde cada ilustrador nos indica algún truco para facilitarnos el trabajo y poder mejorarlo.*

RAMEN CHIBI

• Ramen is a cute girl with pasta hair. She loves to rest and take a bath in a ramen bowl, and wash her pasta hair with a flavored pork shampoo. She has a sister with spaghetti hair.

Ramen's dress illustrates soup ingredients: nori on the top, and egg and pork layers on the bottom. She also puts chopsticks in her hair.

• *Ramen es una chica con una caracteristica muy divertida, su pelo son fideos. A ella le encanta descansar y darse baños en su tazón de sopa para asi lavar su pelo.*

El vestido de Ramen ilustra ingredientes de la sopa: nori en la parte superior, huevo y carne de cerdo en la parte inferior. Utiliza los palillos para recogerse el pelo.

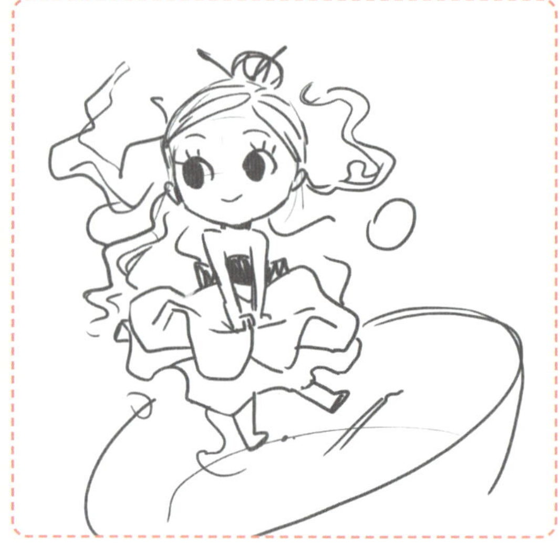

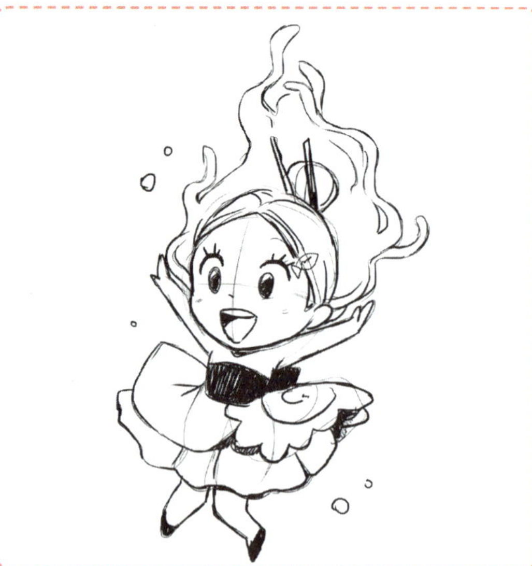

1. SKETCH • BOCETO

• The idea is to pick a sketch that is both cheerful and dynamic. The sketch used for this exercise is an image of Ramen jumping into a bowl with her curly hair flying up and other ramen ingredients falling in around her.

• *La idea es elegir el boceto más alegre y dinámico. Utilizamos la imagen de Ramen saltando sobre el bowl de sopa ramen, con el pelo volando y otros ingredientes cayendo en torno a ella.*

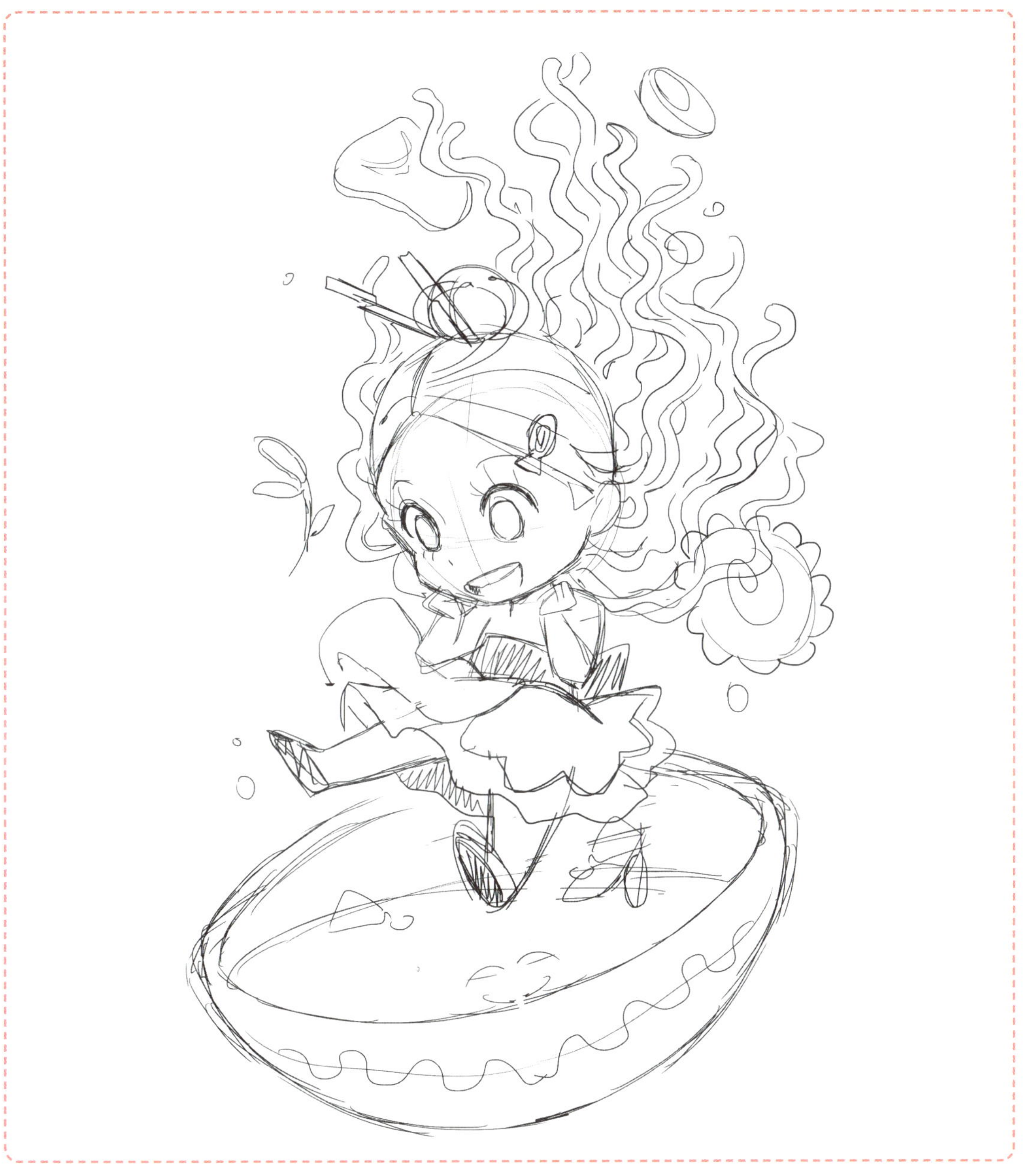

Artist: Meago

Web: www.meagolicious.com

2. STRUCTURE • ESTRUCTURA

• Sketch Ramen's position, being sure to show she is falling down. Add lines to her face to position her eyes, mouth, and nose.

• *Situamos a nuestro chibi cayendo sobre un bowl de sopa ramen. Colocamos unas guías para posicionar sus ojos, boca y nariz.*

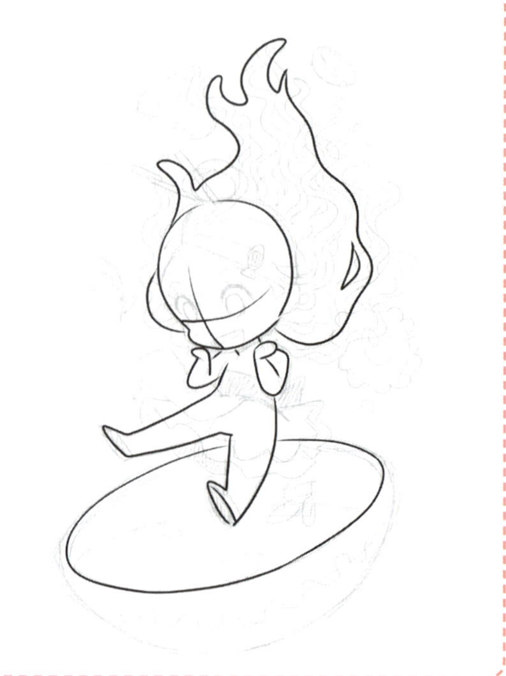

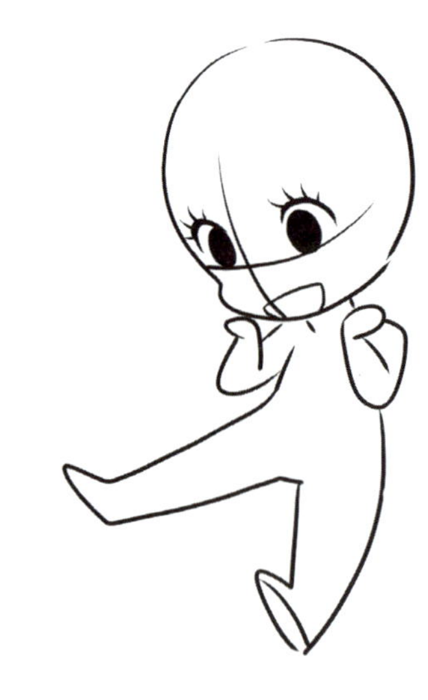

3. VOLUME • VOLUMEN

• Clean up the lines and try to make them of the same thickness.

• *Limpiamos las líneas, añadimos sus ojos con unas grandes pestañas, eso le dará más expresividad al personaje.*

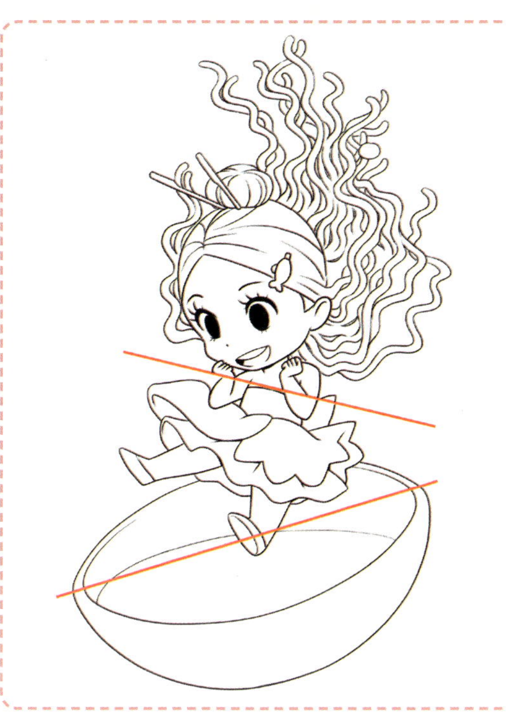

4. ANATOMY • ANATOMÍA

- Drawing each individual noodle hair may be time consuming, but it is essential to creating the right look. When drawing the dress, be sure to remember to add the right folds of the pork and egg on her skirt.

- *Dibujamos cada pelo de fideo por separado, puede llevar mucho tiempo, pero es esencial para crear dimensión y movimiento. Creamos una sensación vaporosa para la falda. Las guías rojas nos ayudan para la perspectiva.*

5. DETAILS • DETALLES

- Add the other falling ramen ingredients.

- *Añadimos los ingredientes que caen.*

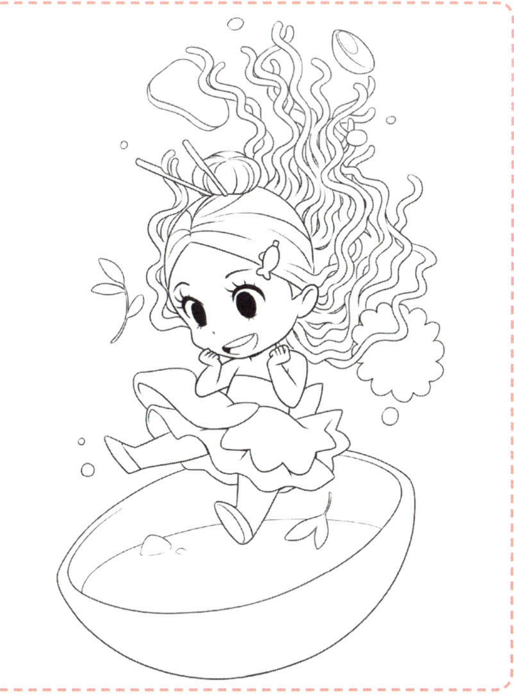

6.1. COLOR

- Next, begin coloring using flat colors.

- *A continuación, empezamos a colorear usando tonos planos.*

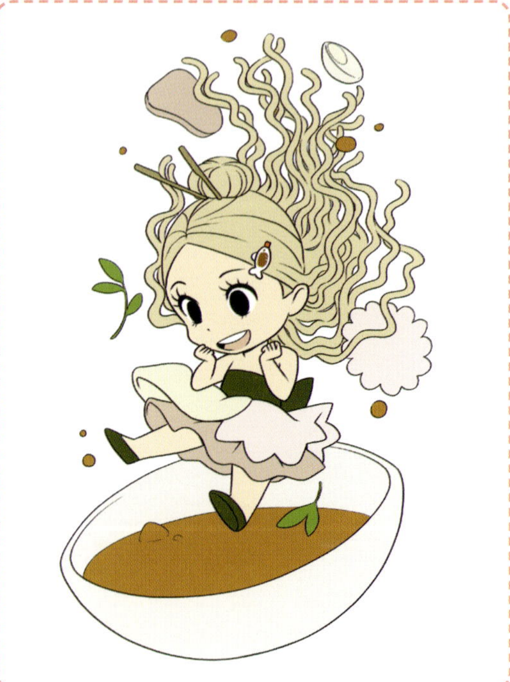

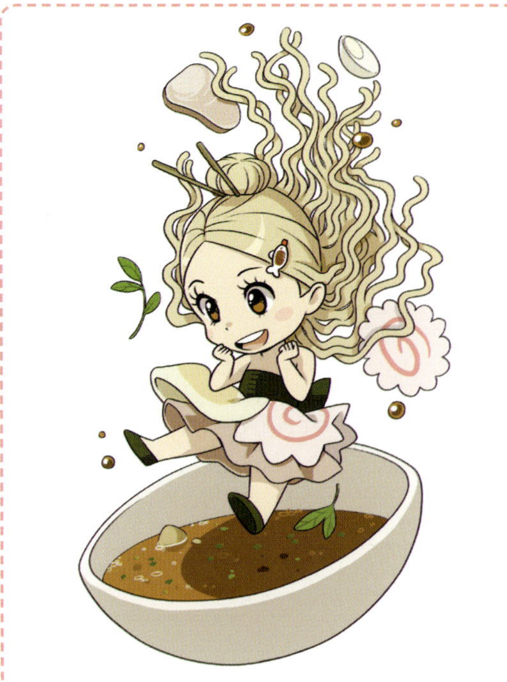

6.2. COLOR

- Add shadows, highlights, and other color details such as the yolk on the egg and the pink swirl of the pork. Add bubbles and spices to the soup.

- *Agregamos las sombras, luces y otros detalles de color, como el huevo y el remolino rosado de cerdo. Añadimos burbujas y especies a nuestra sopa ramen.*

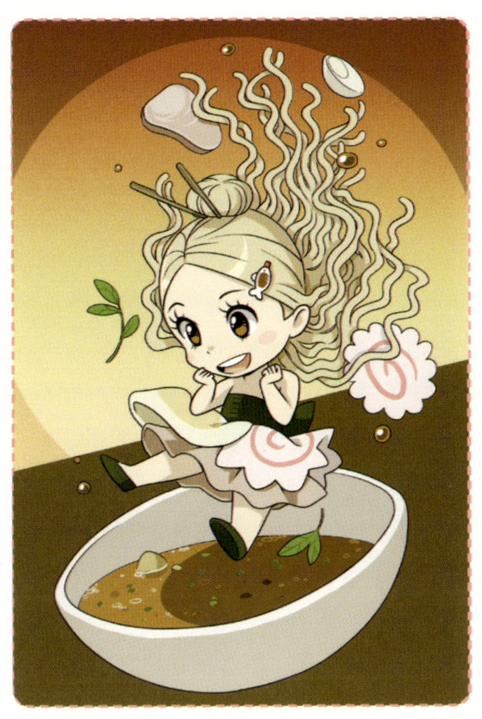

7.1. BACKGROUND • FONDO

• Create a simple but colorful background. Ramen is detailed enough, so it's good not to create a background that is too complex.

• *Creamos un fondo sencillo y colorido. Nuestro chibi ya tiene mucho detalle, por lo que no es necesario crear un fondo que sea demasiado complejo.*

7.2. BACKGROUND • FONDO

• Try to use different shapes and gradients, and also add some noise to make a pattern.

• *Trata de usar diferentes formas y tamaños, añadimos algo de ruido para dar realismo.*

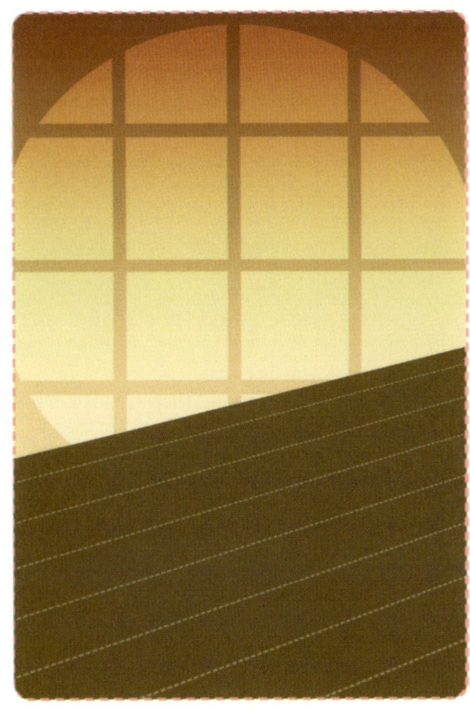

8. FINISHING TOUCHES
ACABADOS FINALES

• To separate the character more from the background, add a white outline around her and the other ingredients. Also decorate the background with some details, such as making the circle look more like a window.

• *Para separar el personaje del fondo, contorneamos de blanco a nuestro chibi y demás ingredientes. Decoramos el fondo con algunos detalles, como el círculo que aparece por la ventana.*

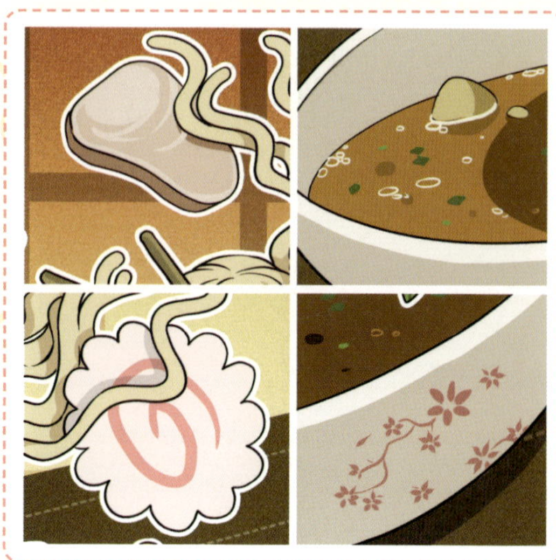

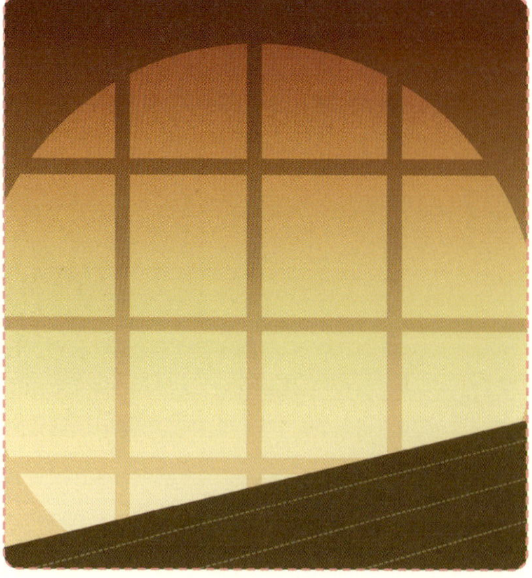

TIPS & TRICKS
TRUCOS Y CONSEJOS

• Some elements don't need line art. It would be too overwhelming for some patterns or delicate stuff, like spices in the soup.

• For the broth, add some dark spots, white bubbles, and highlights on the edge to give it a more soup-like appearance.

• Software used: Paint Tool SAI & Adobe Photoshop.

• *Algunos elementos no necesitan ser delineados. Sería demasiado abrumador.*

• *Colocamos algunos puntos oscuros simulando las especias, burbujas blancas para crear la sensación de caliente, dándole un aspecto más ramen.*

• *Softwares utilizados: Paint Tool SAI y Adobe Photoshop.*

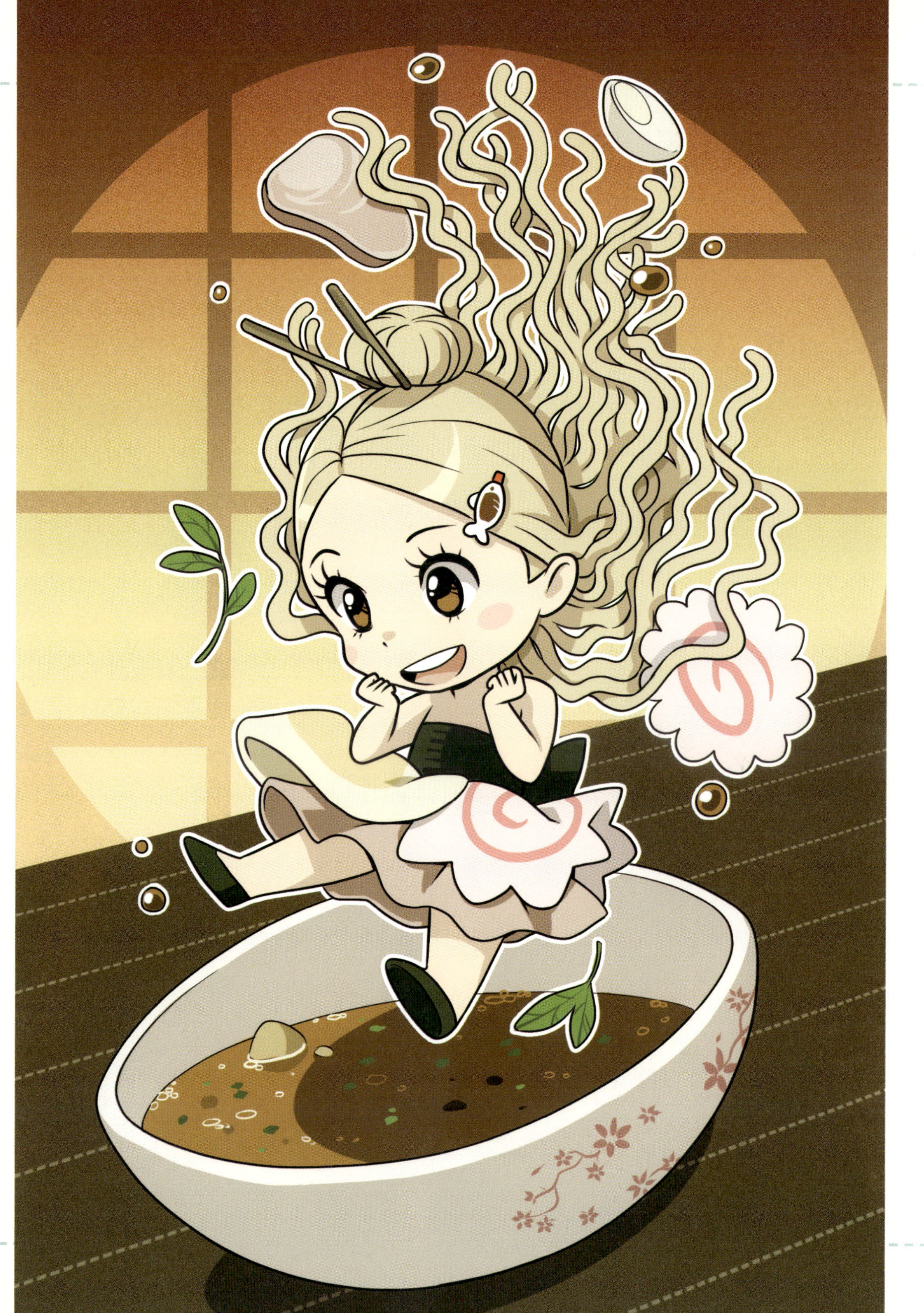

RACCOON GIRL

• Esther is a little raccoon girl. She is friendly and polite. She loves to gaze at the stars with her friends and eat delicious sweets. She also has a little pet lemur that follows her everywhere.

• *Esther es una niña mapache. Ella es amable y educada. Le encanta mirar las estrellas con sus amigos y comer deliciosos dulces. Tiene un pequeño lemur como mascota que le sigue a todas partes.*

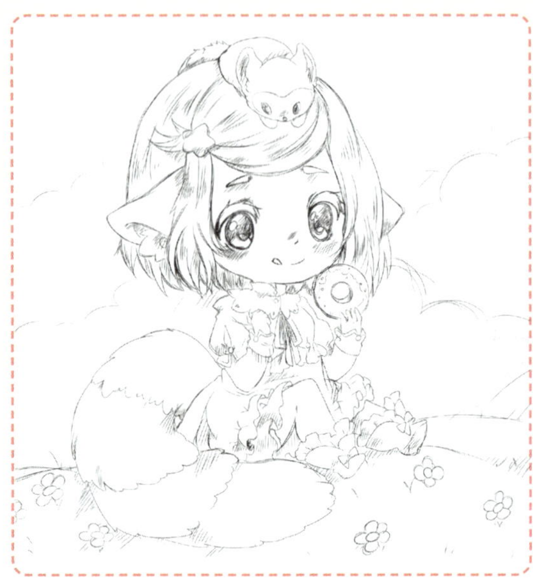

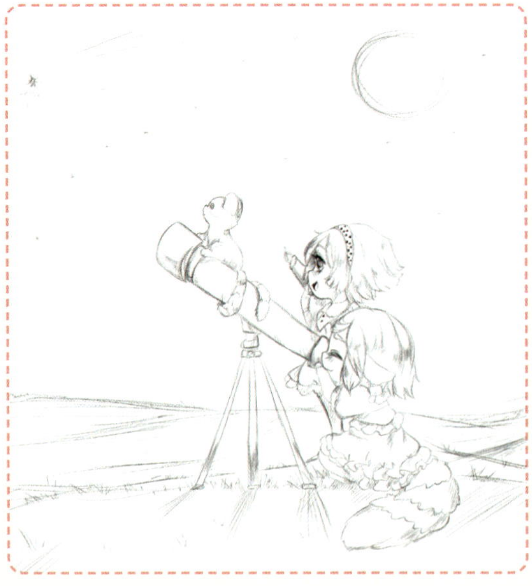

1. SKETCH • BOCETO

• After placing Esther in a few different scenes, the artist chose to sue the drawing of her on a stage holding her lemur pet.

• *Después de la colocación de Esther en algunas escenas diferentes, optamos por el dibujo en el que está jugando con su mascota el lemur.*

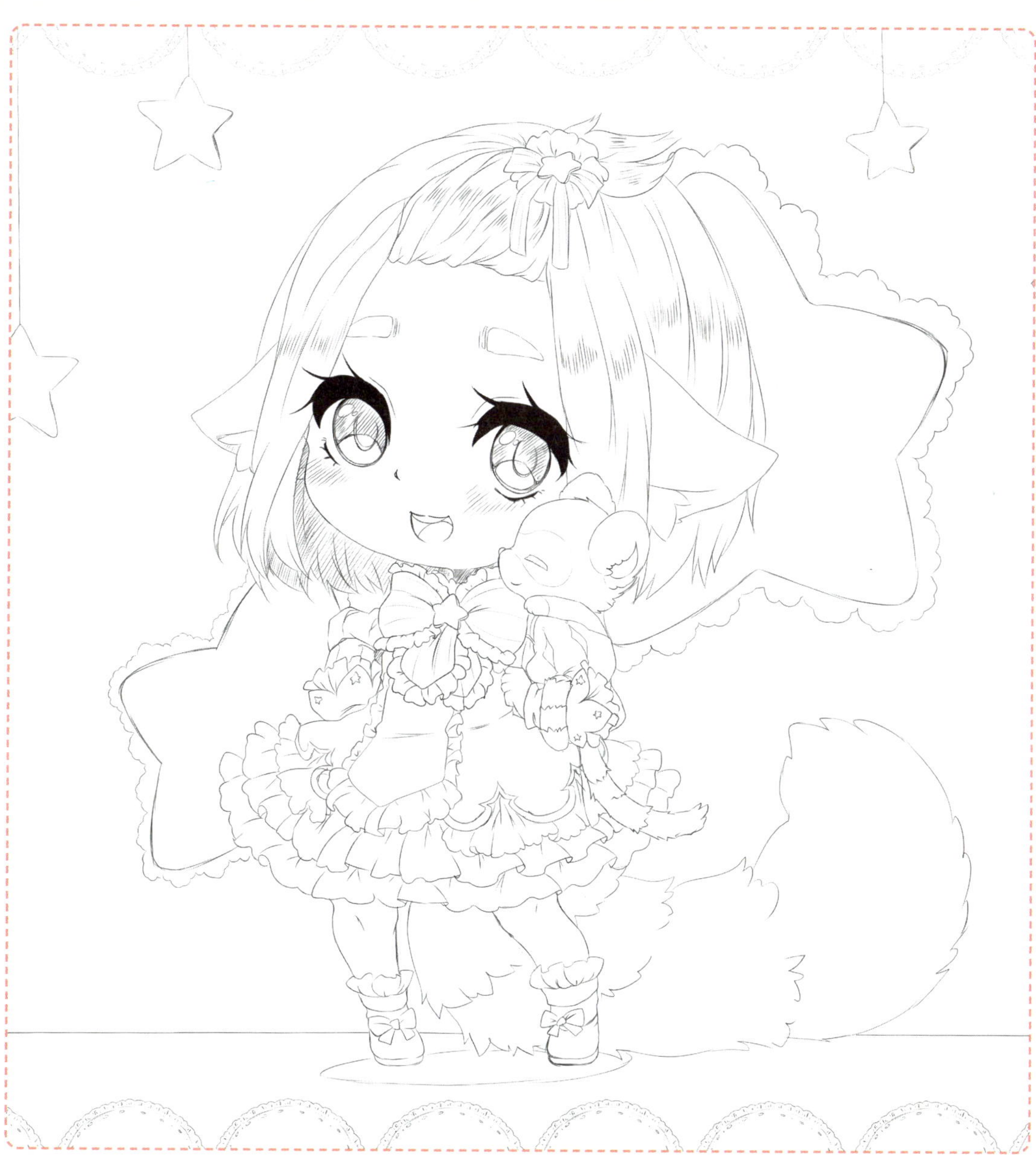

Artist: Ame

Web: www.deviantart.com/blanchiame

2. STRUCTURE • ESTRUCTURA

• Draw Esther in a cute dynamic pose to make her look more lively.

• *Dibujamos a Esther en una pose dinámica para crear algo de movimiento.*

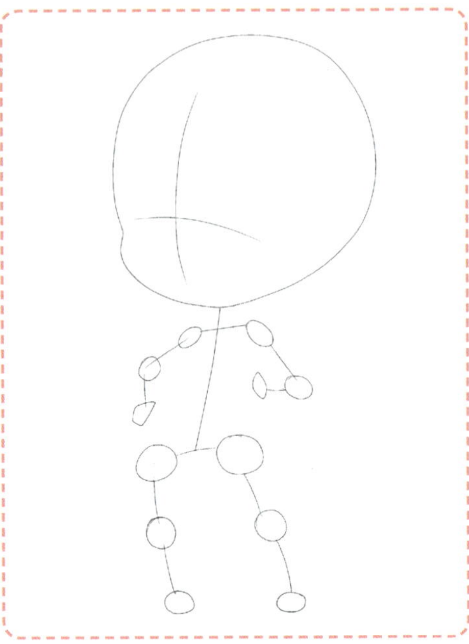

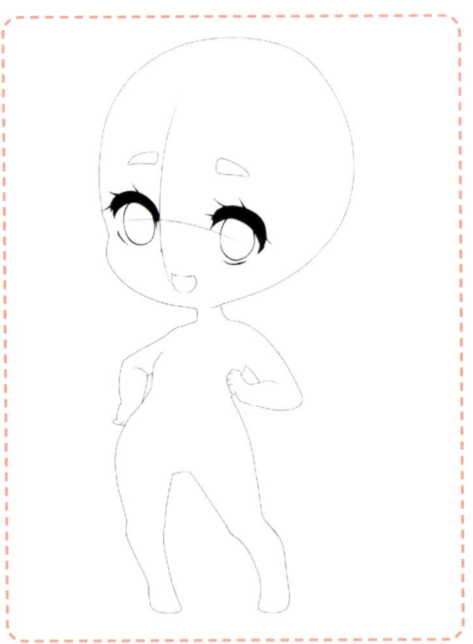

3. VOLUME • VOLUMEN

• Add her eyes, her mouth, and a small spot for her nose. Use thin lines to outline her body and thick lines for her eyes. This draws the focus to her large, beautiful eyes.

• *Añadimos los ojos, la boca, señalamos el lugar para la nariz. Utilizamos líneas finas para delinear su cuerpo y líneas gruesas para sus ojos. Creamos unos hermosos ojos grandes para que destaquen en su rostro.*

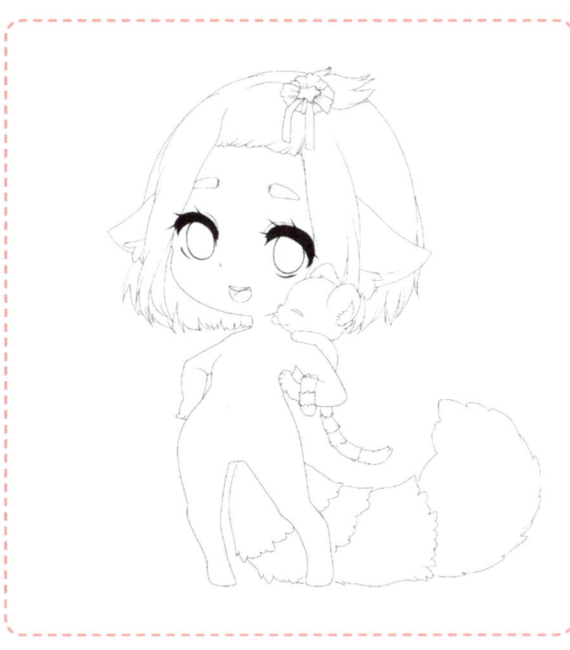

4. ANATOMY • ANATOMÍA

• Add her ears, a cute hairdo, her pet lemur, and her raccoon tail. The artist placed the lemur snuggling under her chin to show how much she loves her pet.

• *Añadimos sus orejas, un bonito peinado, su mascota, y su cola de mapache. Colocamos al lemur acurrucándose bajo la barbilla para mostrar lo mucho que le quiere.*

5. DETAILS • DETALLES

• To give her more dimension, add details to her hair and give her a cute outfit, like a frilly Lolita dress, to match her personality.

• *Añadimos detalles en su pelo y un vestido de volantes estilo Lolita, para que coincida con su personalidad.*

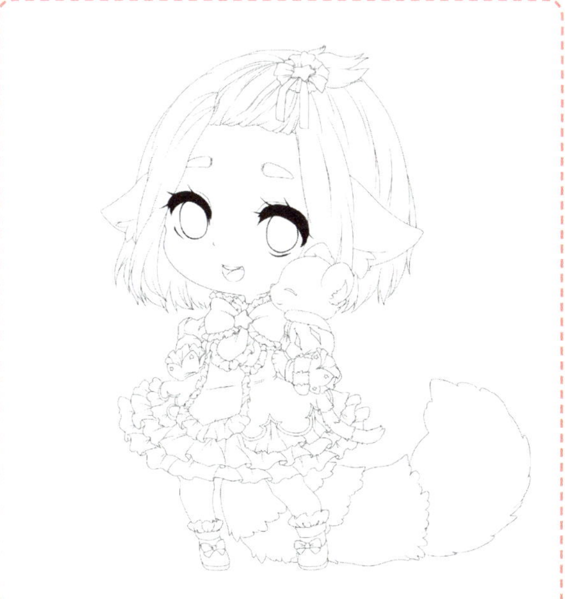

6.1. COLOR

• Color in Esther and her pet lemur. Be sure to pick a color for her eyes that stands out.

• *Aplicamos el color en Esther y su lemur. Elegimos un color claro para destacar sus ojos.*

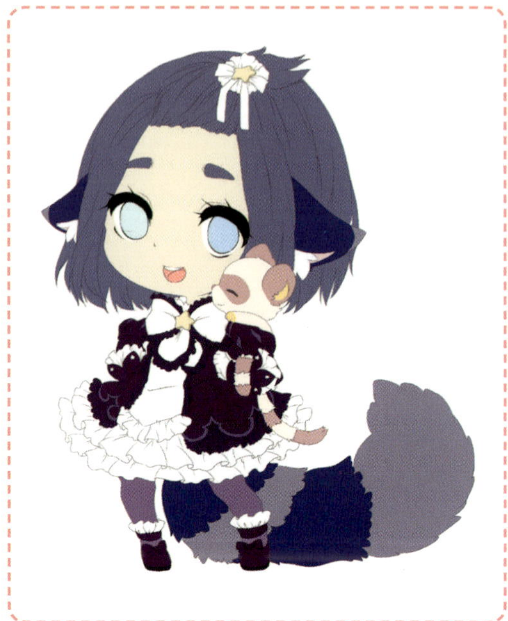

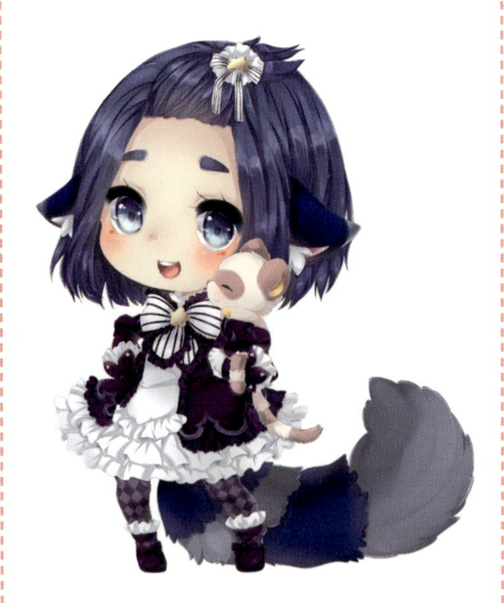

6.2. COLOR

• To add depth to the character, use patterns on her tights and ribbons. Use a solid brush tool to create shadows and highlights.

• *Para añadir profundidad al personaje, utilizamos patrones en sus mallas y volantes. Utilizamos la herramienta pincel sólido para crear sombras y luces.*

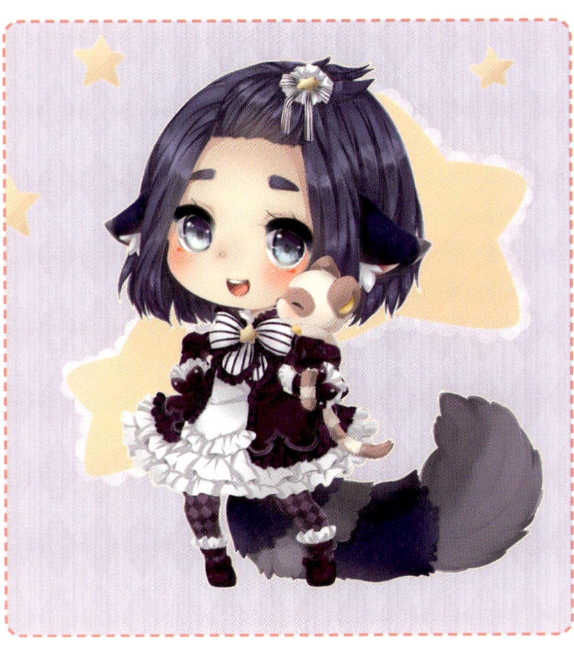

7.1. BACKGROUND • FONDO

• The background is a diamond pattern with gold stars to match the diamond pattern on her sock and the star in her ribbon.

• *Para el fondo usamos un estampado de diamantes y estrellas doradas, así coincide con el estampado de sus calcetines y su lazo.*

7.2. BACKGROUND • FONDO

• Create some half transperent white and violet stars, and complete the outlines of some of them.

• *Creamos algunas estrellas blancas y violetas medio transparentes, así completamos el fondo.*

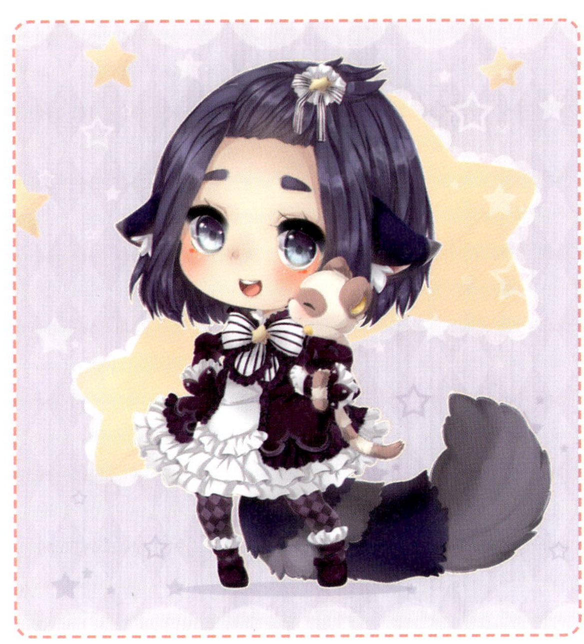

8. FINISHING TOUCHES
ACABADOS FINALES

• Lastly, combine all the individual layers into one layer and use Photoshop to explore different effects you might want to add.

• *Por último, se combinan todas las capas en una sola y utilizamos Photoshop para explorar diferentes efectos, es posible que agreguemos alguna textura.*

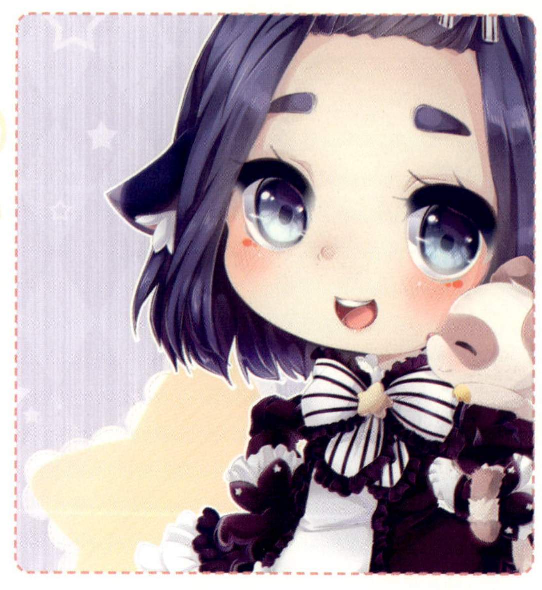

TIPS & TRICKS
TRUCOS Y CONSEJOS

• Draw a white outline around the character to make her stand out from the background.

• Photoshop color effects, such as brightness and contrast, make the picture look more saturated.

• Software used: Adobe Photoshop.

• *Delineamos de color blanco el chibi para que destaque sobre el fondo.*

• *Aplicamos efectos de color de Photoshop, como el brillo y el contraste, para crear un aspecto más saturado a la imagen.*

• *Softwares utilizados: Adobe Photoshop.*

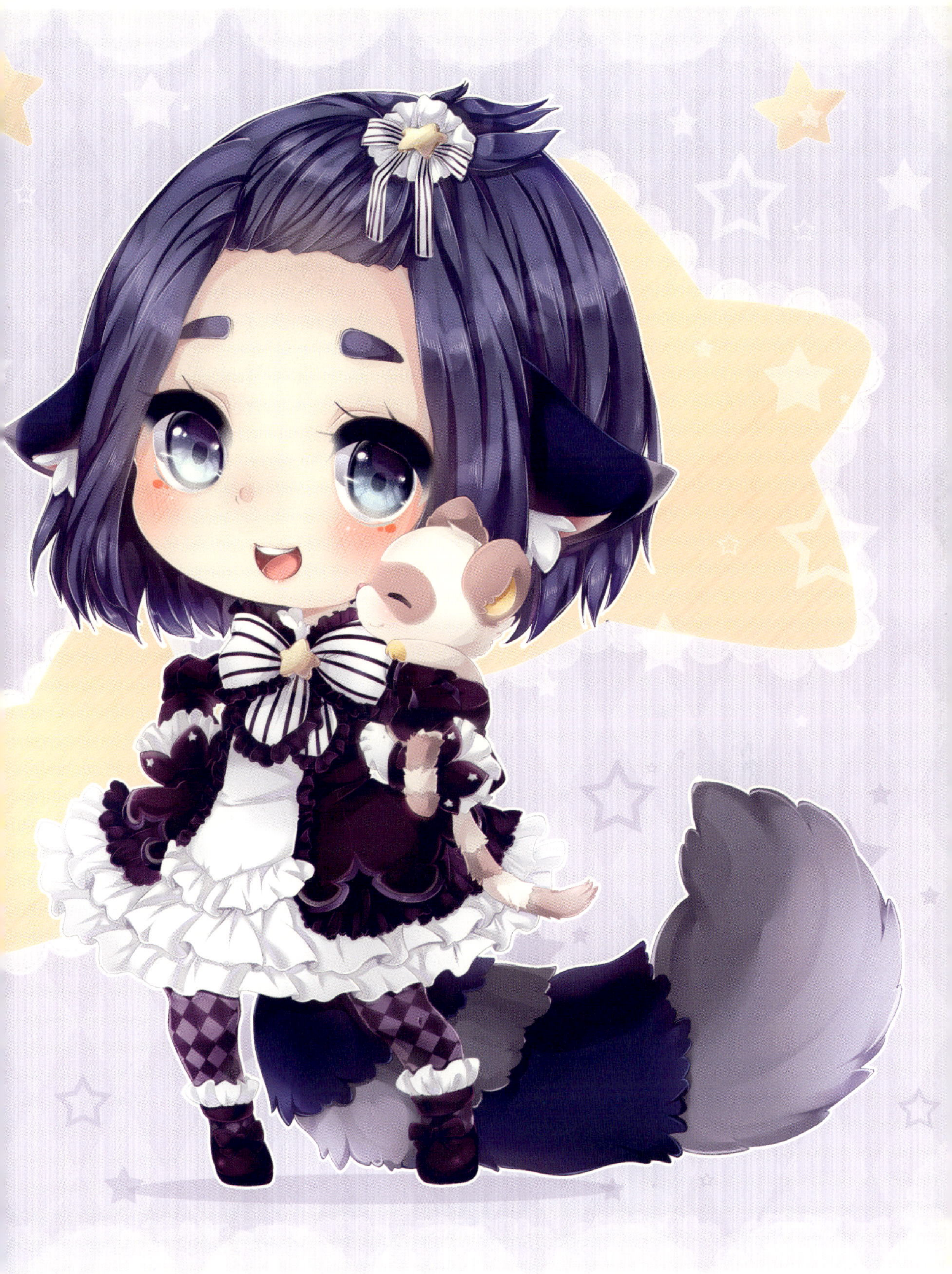

PLAYROOM

- Little Lisa is having fun in their playroom. She is a cheerful and very imaginative girl, with her rocking horse and toy playmates she has great adventures without leaving her room.

- *La pequeña Lisa se esta divirtiendo en su habitación de juegos. Es una niña alegre y muy imaginativa, gracias a su caballito y a sus compañeros de juegos ella vive grandes aventuras sin salir de su habitación. La imaginación y la felicidad son las mejores virtudes de nuestra pequeña Lisa.*

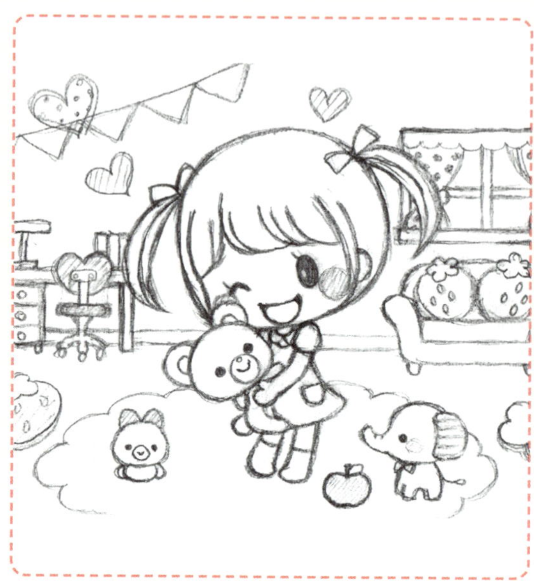

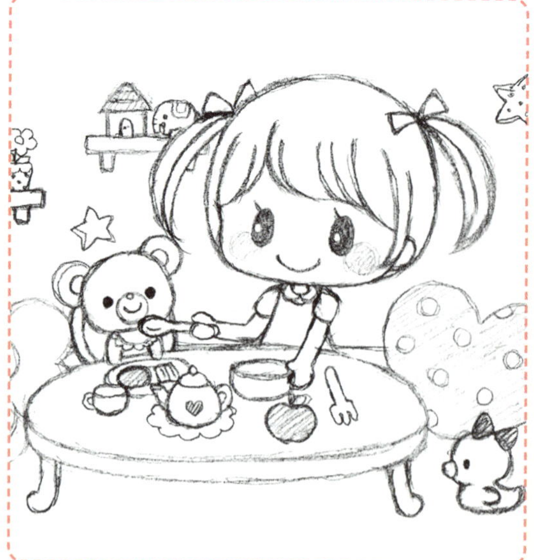

1. SKETCH • BOCETO

- Let's select the sketch on the rocking horse, because it allows us a wider perspective of the character and its environment.

- *Seleccionamos el boceto sobre el caballito de madera, ya que nos permite una perspectiva más amplia del personaje y su entorno.*

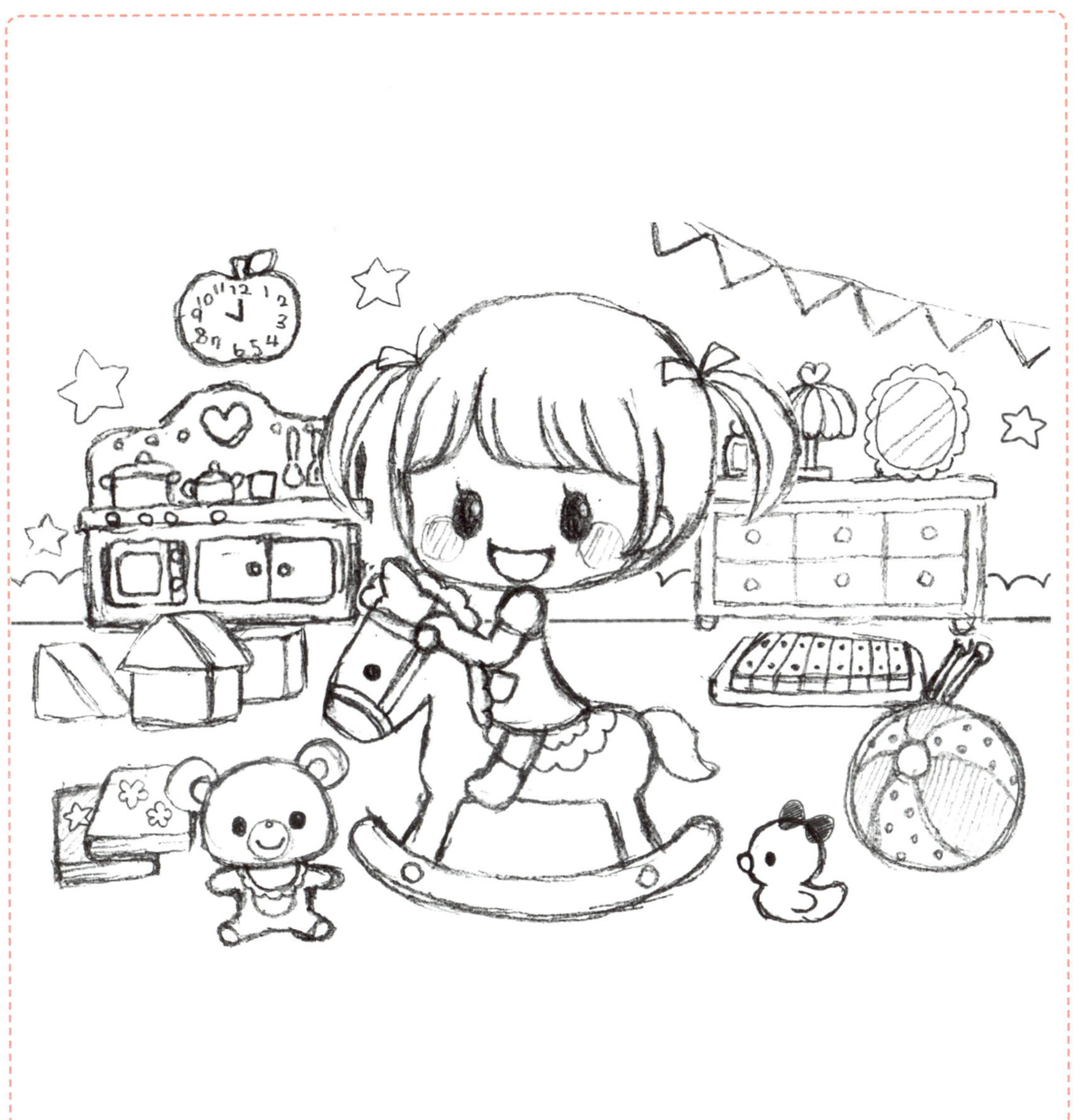

Artist: Hiroko Yokoyama

Web: www.yokoyama-hiroko.com

2. STRUCTURE • ESTRUCTURA

• Place the character on top of the rocking horse with her toy friends in the center of the illustration. Make sure to curve her leg slightly and bend her arm to show she is riding the horse.

• *Situamos al personaje sobre el caballito, junto a sus amigos en el centro de la ilustración. La estructura de este personaje es muy sencilla, únicamente tiene una ligera curva en la pierna.*

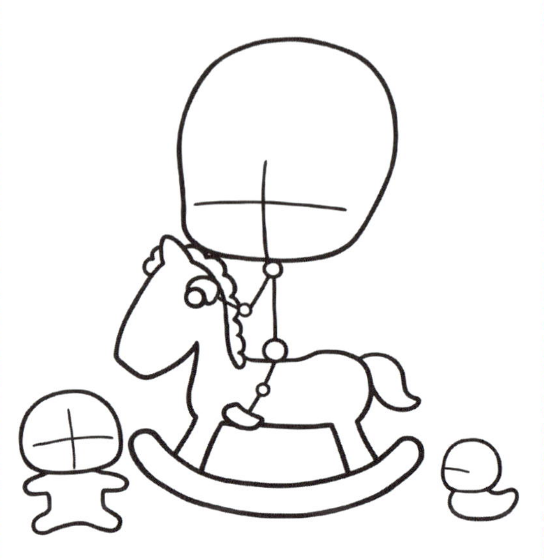

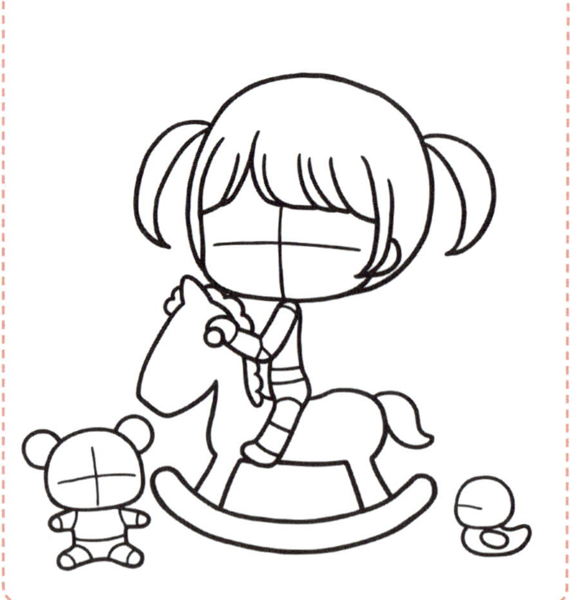

3. VOLUME • VOLUMEN

• Draw the girls body and her hair. Next create the bodies of her friends.

• *Dibujamos el cuerpo de la niña, donde colocamos un agarre en el caballo para situar su mano. Añadimos el detalle del pelo y el cuerpo de sus amigos.*

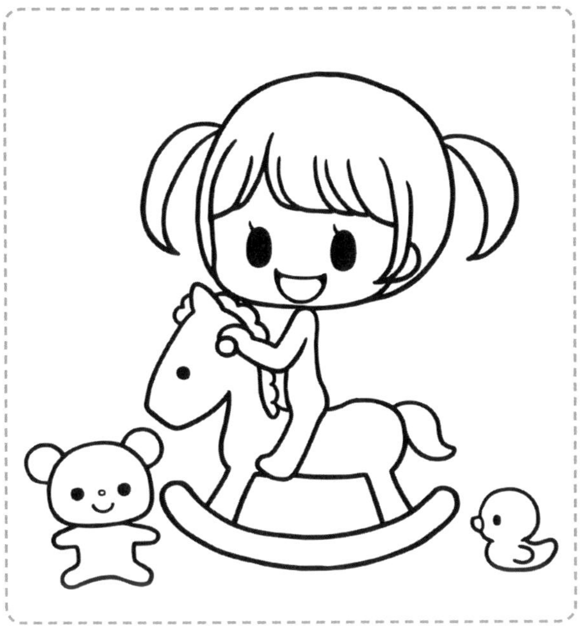

4. ANATOMY • ANATOMÍA

• Add eyes and mouths to the character and to her little friends. Make the eyes and mouth occupy most of her face.

• *La cabeza esta desproporcionada a comparación del cuerpo, siendo varias veces mas grande. Situamos los ojos y boca que ocupan gran parte de la cara.*

5. DETAILS • DETALLES

• Next, add her dress, bows to her hair, and a harness to the rocking horse. To give the scene the look of a child's playroom, include more toys like a ball, cubes, and books.

• *Añadimos varios detalles a la habitación de juegos de nuestra niña, una pelota, unos cubos, un instrumento, y colocamos el típico arnés a nuestro caballo para darle mas realismo. Nuestro personaje lleva un vestido y calcetines, colocamos lazos en sus coletas. Complementamos con un babero al oso y con un lazo al pato.*

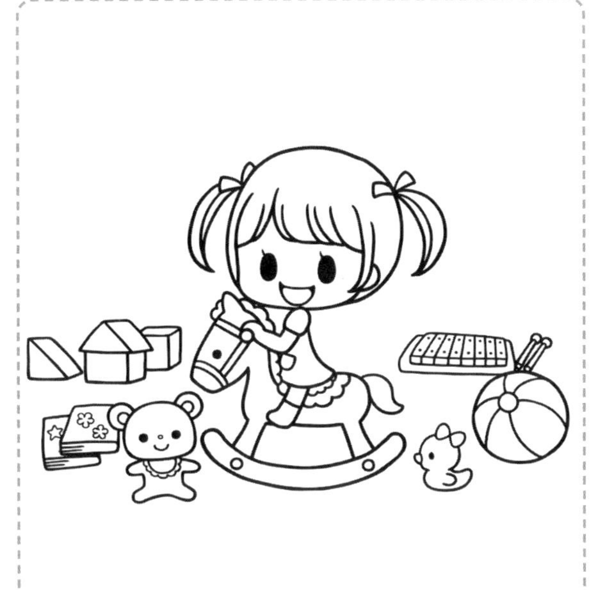

6.1. COLOR

• The colors chosen are predominantly pink, and all have a warm hue.

• *El rosa es el color predominante en la ilustración, en general las tonalidades calidas, y pastel.*

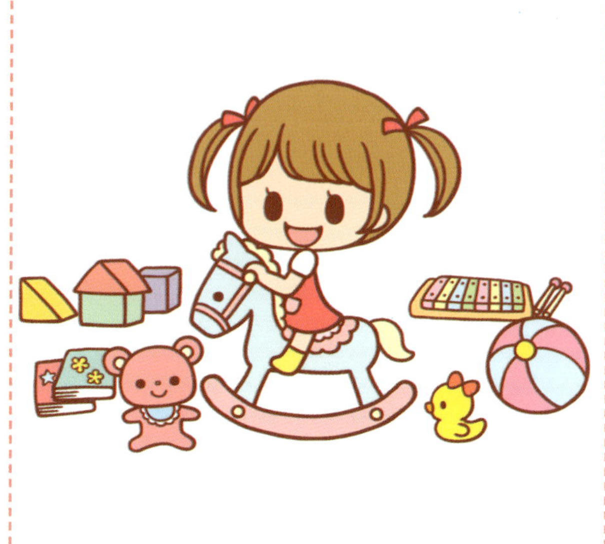

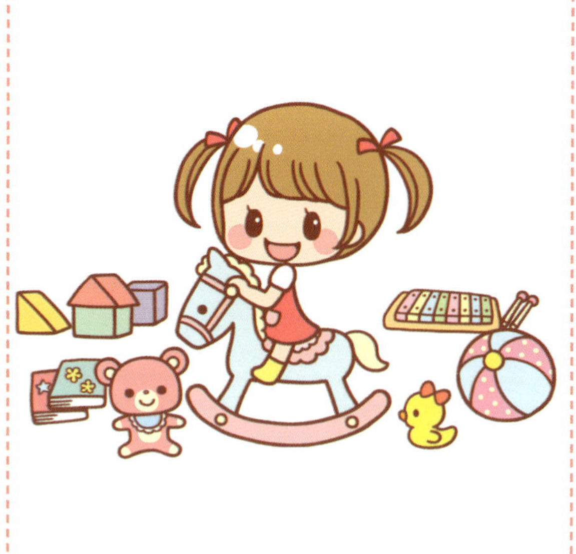

6.2. COLOR

• Apply white spots to the eyes and the hair to give more depth. Use other colors to give texture and more detail, such as pink to her cheeks, yellow to the bear, and polka dots to the ball.

• *Aplicamos un punto de luz en los ojos y el pelo. Coloreamos las mejillas. Damos más personalidad a nuestro oso, y decoramos la pelota con unos puntitos amarillos.*

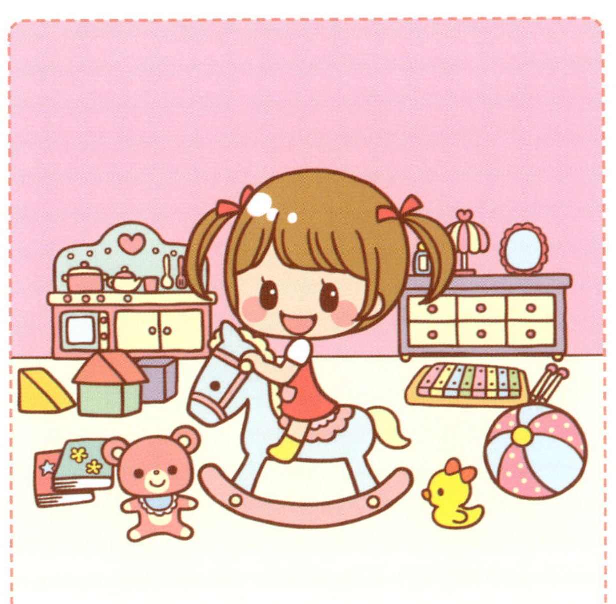

7.1. BACKGROUND • FONDO

• To complete the playroom, create a fun background with toy furniture and soft pastel colors.

• *Damos profundidad colocando el suelo y la pared, siempre usando tonos suaves. En la parte del fondo colocamos unos muebles para crear una perspectiva triangular respecto al personaje.*

7.2. BACKGROUND • FONDO

• Decorate the wall with different stars, flags, and an apple, which later will be transformed into a wall clock. The idea is to create a fun environment for the character.

• *Decoramos la pared con diferentes formas de estrellas, banderolas, una manzana, que más adelante usaremos como reloj de pared. Damos un aire infantil, y muy divertido.*

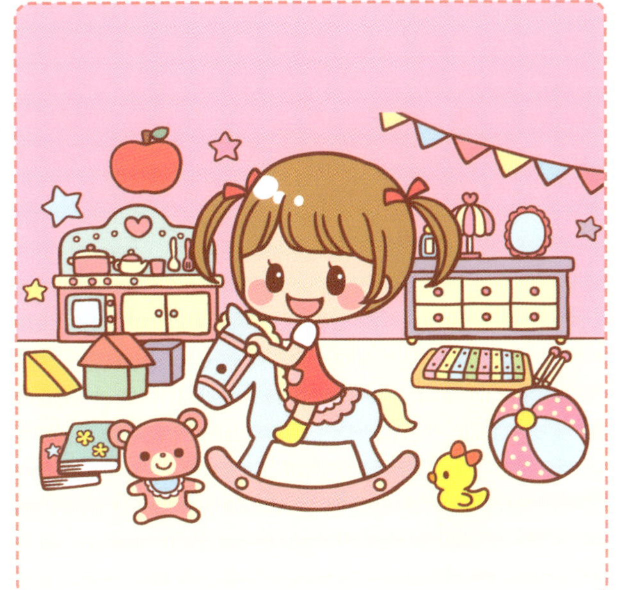

8. FINISHING TOUCHES
ACABADOS FINALES

- Fill in the flags with details such as stripes and polka dots. You may also want to add an embellishment to the wall such as thick stripes and clouds along the bottom edge.

- *Estampamos las banderolas con diferentes detalles en su interior. Sobre el fondo de la pared creamos una lineas gruesas y verticales en un rosa más claro. En la parte inferior dibujamos una cenefa de formas redondeadas en color blanco.*

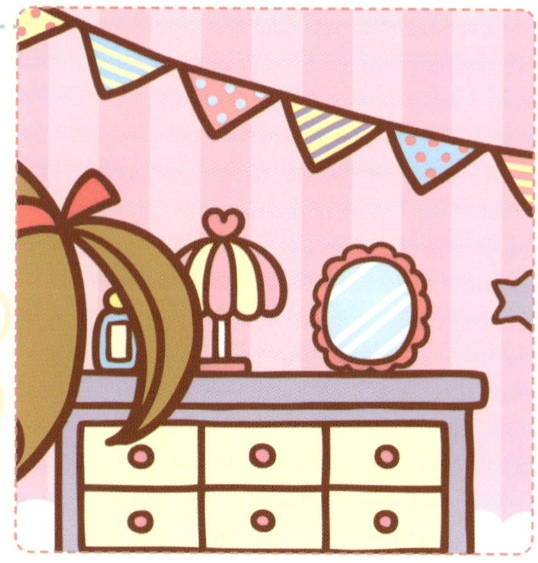

TIPS & TRICKS
TRUCOS Y CONSEJOS

- Don't forget about the apple clock. Add numbers and hands to the inside.

- Softer pastel tones give the whole of the illustration a warmer, more childlike appearance.

- To delineate the character and objects in the room, a thick brown outline is applied. This also helps when it's time to start coloring.

- Software used: Adobe Illustrator & Adobe Photoshop.

- *Añadimos los números en el interior de la manzana, creando un reloj de pared.*

- *Los tonos suaves ayudan a crear un ambiente más infantil.*

- *Utilizamos un color marrón para delinear a los personajes y todos los detalles de la habitación. Esto nos ayudará en el momento de colorear.*

- *Softwares utilizados: Adobe Illustrator y Adobe Photoshop.*

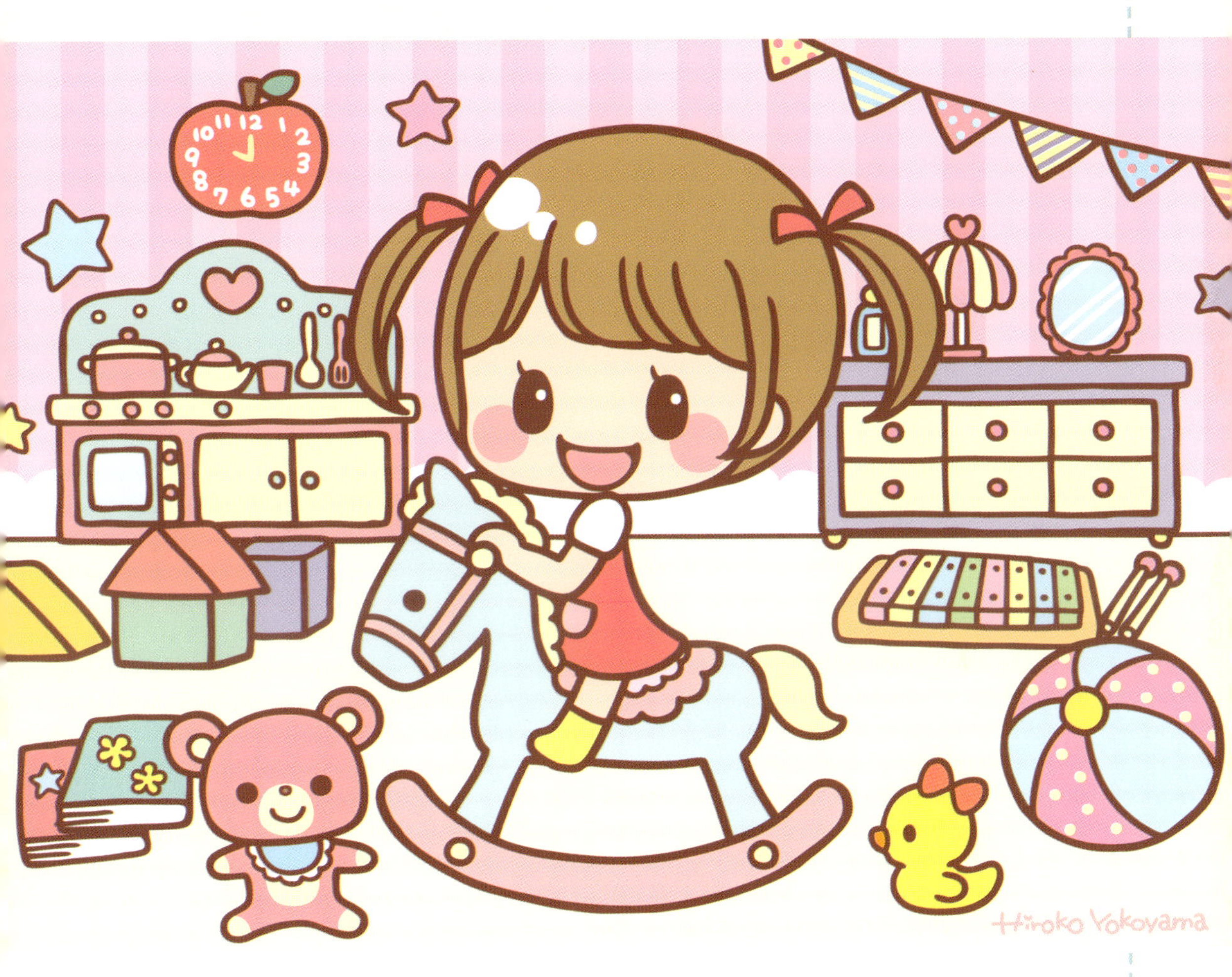
Hiroko Yokoyama

MEET BELLE

• Meet Belle is a big fan of sweets, sushi, and flowers, especially sunflowers. Due to that passion, she has her own shop in the city, which makes her happy all the time, accompanied by her favorite friends.

• *Meet Belle es una gran fan de los dulces, el sushi y las flores, especialmente de los girasoles. Debido a su pasión, ella tiene su propia tienda en la ciudad, lo que la hace feliz y puede estar acompañada de sus mejores amigos.*

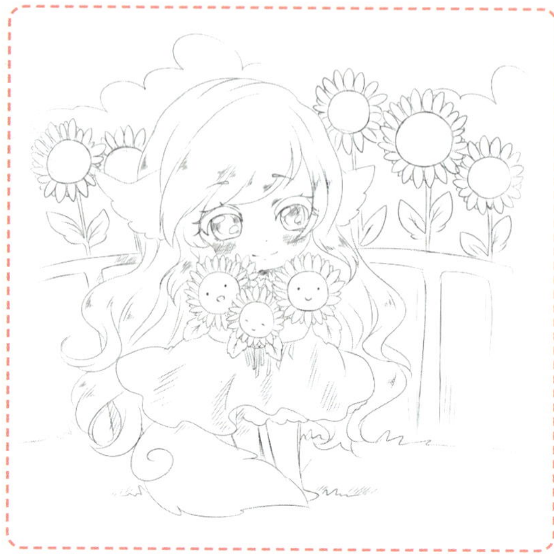

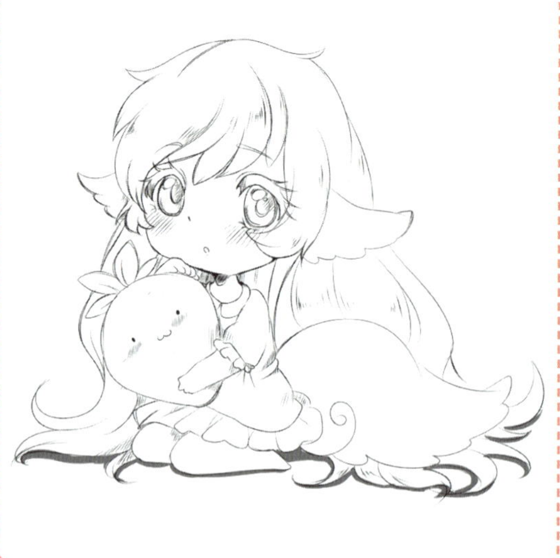

1. SKETCH • BOCETO

• For this exercise, the illustrator chose a sketch of Belle surrounded by large cupcakes—her favorite!

• *Para este ejercicio, elegimos el boceto de Belle rodeada de grandes magdalenas, ¡sus favoritas!.*

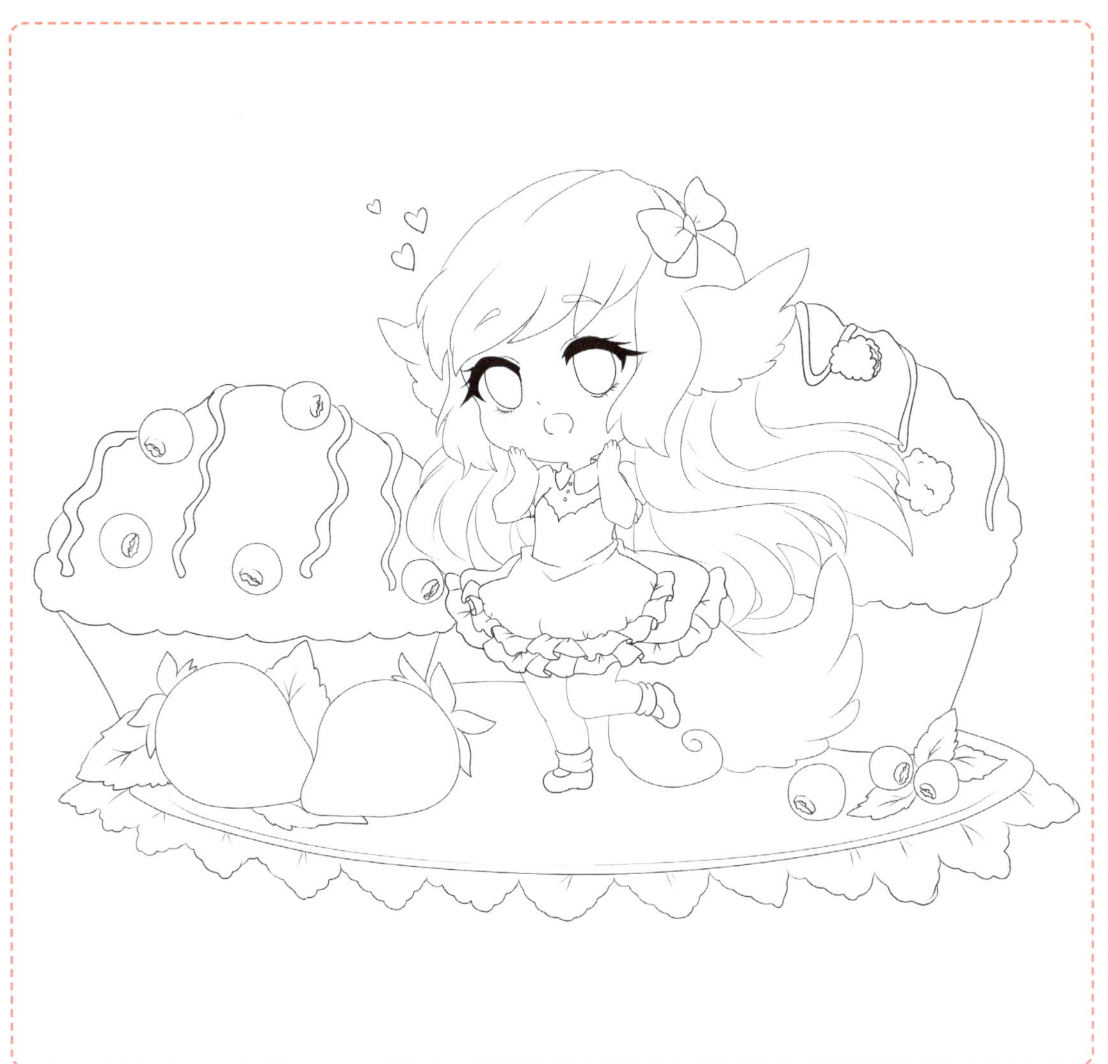

Artist: Ame

Web: www.deviantart.com/blanchiame

2. STRUCTURE • ESTRUCTURA

• Begin by sketching Belle's stance. With her hands up toward her face and her leg bent, she looks to be jumping with excitement.

• *Comenzamos por dibujar la postura de Belle. Con sus manos para arriba y hacia su cara, su pierna ligeramente doblada, ella parece estar saltando de emoción.*

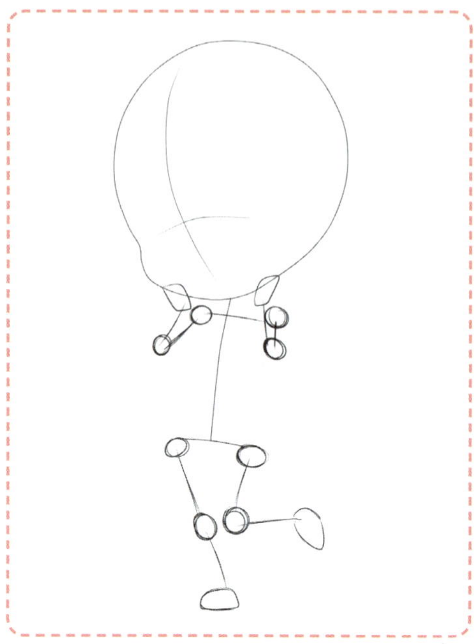

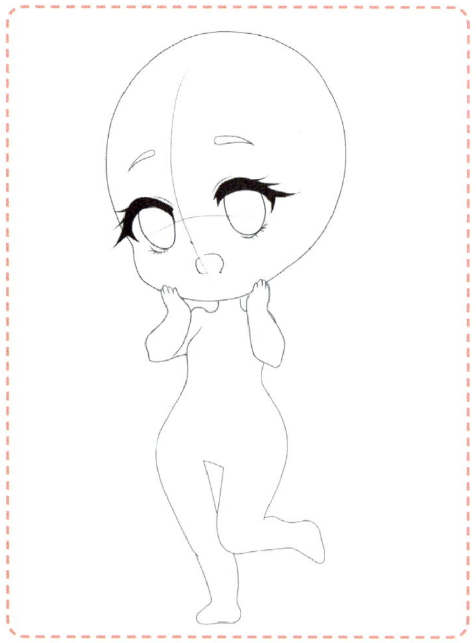

3. VOLUME • VOLUMEN

• Outline the shape of her body and add her facial features. To make her look like a true chibi, make her eyes large.

• *Vamos dando forma a su cuerpo, añadimos sus rasgos faciales. Dibujamos unos enormes ojos al más puro estilo chibi.*

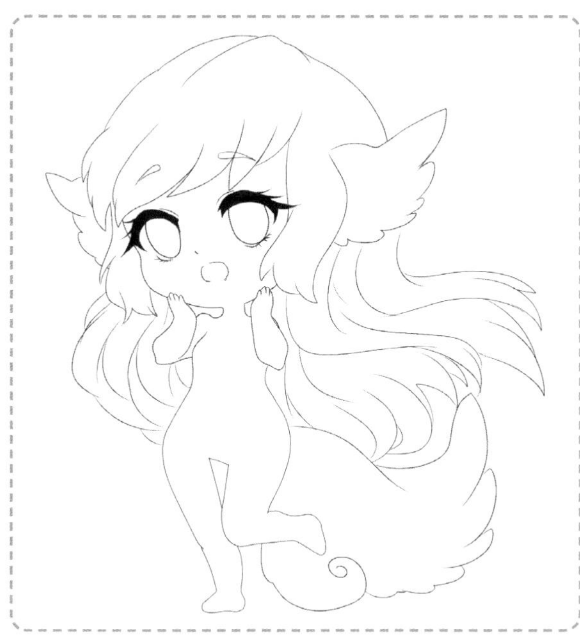

4. ANATOMY • ANATOMÍA

• Next, give Belle beautiful flowing hair and a bushy tail. Don't forget to include her ears!

• *A continuación, dibujamos el cabello de Belle, de donde sobresalen unas divertidas orejas.*
Otra característica es su cola en la parte inferior de su espalda.

5. DETAILS • DETALLES

• Now it's time to add details. Dress Belle in a ruffly dress with an apron and, to make her look a extra cute, put a bow in her hair. Next, add the background elements, which include two giant cupcakes and some berries. Place everything on a giant serving dish.

• *Ahora es el momento para agregar todos los detalles. Belle lleva un vestido ruffly con un delantal, colocamos un lazo en un lado de su cabeza. A continuación, agregamos los elementos de fondo, que incluyen dos bizcochos gigantes y algunas frutas. Colocamos todo en una bandeja gigante.*

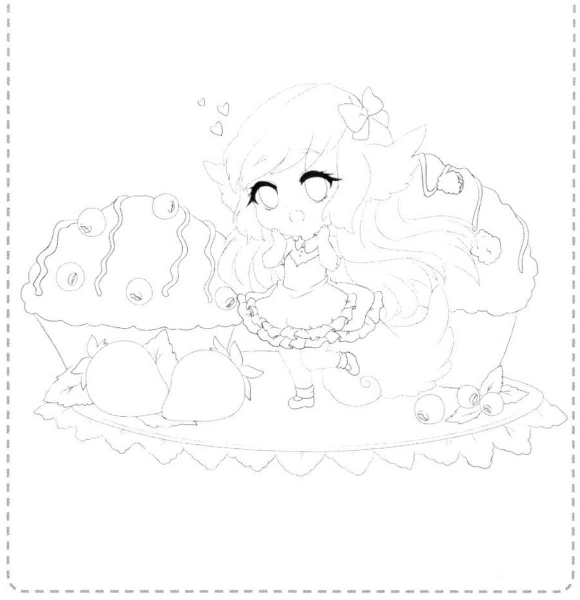

6.1. COLOR

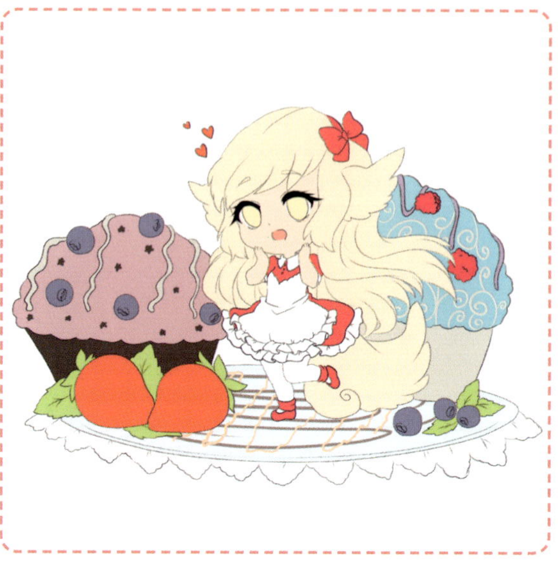

• Apply base colors to the girl and objects around her. Choose colors that make the picture look cheerful.

• *Aplicamos los colores base en Rachel y en los objetos de su alrededor. Elejimos colores vivos para ayudar a que la imagen se vea más alegre.*

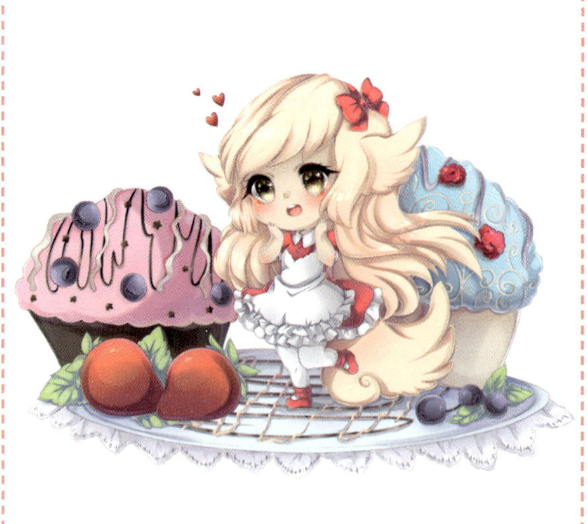

6.2. COLOR

• Use multiple layers for shadowing, and add a reddish-gray light. Try to avoid using pure neutral gray; it will otherwise make the picture look too drab.

• *Creamos varias capas para añadir el sombreado, y una luz gris rojiza. Tratar de evitar el uso de tonos grises, esto hará que la imagen se vea menos monótona.*

7.1. BACKGROUND • FONDO

• Since the illustration of Belle and the treats is heavily detailed, create a simple background with a fun pattern. Add a bow and beads to give the background some fun details.

• *Creamos un fondo sencillo y simple para Belle y sus golosinas. Como detalle colocamos un gran lazo, unas cintas y perlas dando un toque divertido.*

7.2. BACKGROUND • FONDO

• Now the only thing you must do is play with the different layers, until you get a nice contrast between the background and the main scene.

• *Ahora lo único que tenemos que hacer es ir jugando con las diferentes capas, hasta conseguir un buen contraste entre el fondo y la escena principal.*

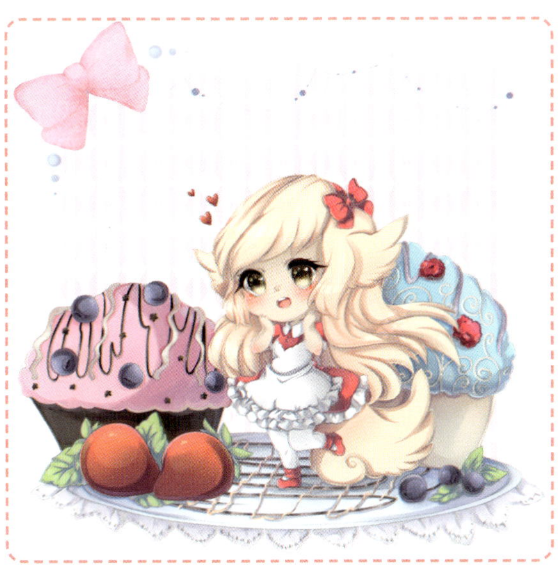

8. FINISHING TOUCHES
ACABADOS FINALES

- White stars are added to the cupcakes to give them a little sparkle.

Merge layers and add effects using Photoshop to make the image saturated.

- *Añadimos destellos a los bizcochos para darles un poco de chispa.*

Combinamos las capas y añadimos efectos usando Photoshop para hacer que nuestra imagen quede menos saturada.

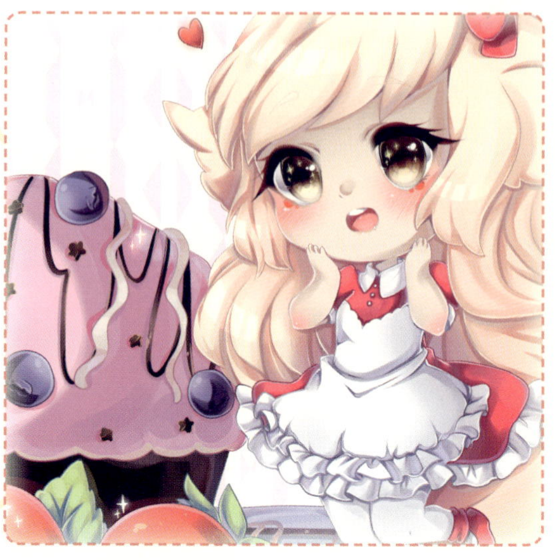

TIPS & TRICKS
TRUCOS Y CONSEJOS

- Add reflected lights to her eyes to show she is excited by what she sees. This can also be done by adding some hearts floating near her.

- When drawing food, especially desserts, use bright colors that will attract the attention of viewers.

- To give the whole drawing a soft 3D look, color the edges of each element with slightly darker shades than the base color.

- Software used: Paint Tool SAI & Adobe Photoshop.

- *Añadimos puntos de luz en sus ojos para endulzar su mirada. También colocamos algunos corazones flotando cerca de ella.*

- *Utilizamos colores brillantes que atraigan la atención, especialmente en los postres.*

- *Damos un aspecto de dibujo 3D, aplicando un color ligeramente más oscuro en los bordes de cada elemento.*

- *Softwares utilizados: Paint Tool SAI y Adobe Photoshop.*

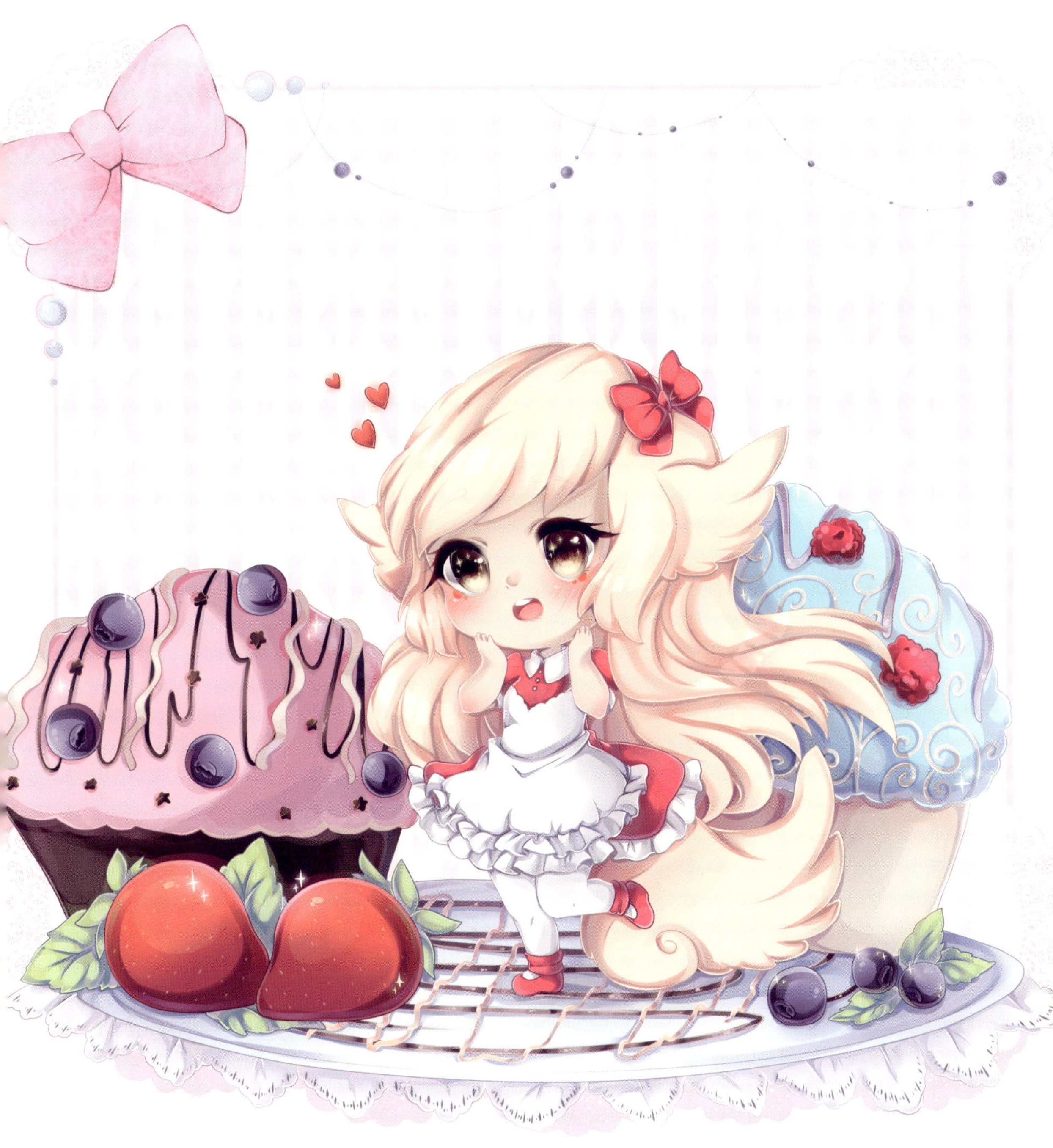

TORII GIRL

• Torii Girl is a tourist visiting Japan. She enjoys exploring Japanese temples and has many spiritual friends.

• *Torii Girl (la chica del arco japonés), es una niña extranjera que estudia japonés y le gusta visitar templos. Ella confía en la protección de los espíritus por eso se ha trasladado hasta un templo.*

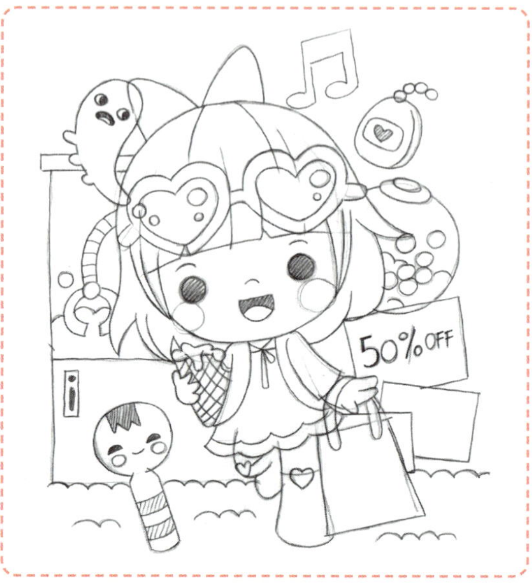

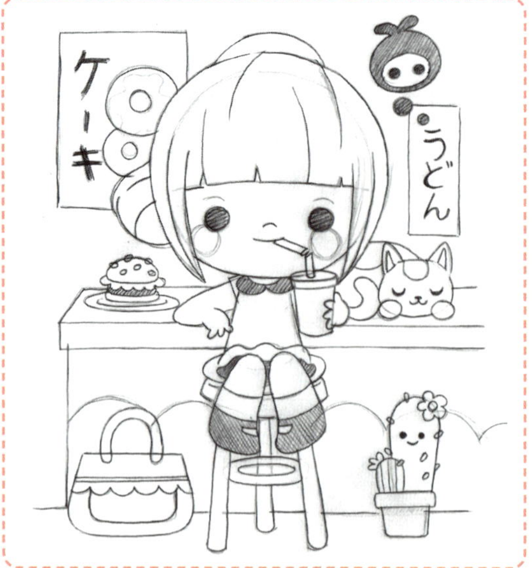

1. SKETCH • BOCETO

• After initial sketches, the artist chose to place Torii Girl standing outside a Japanese temple with friendly spirits flying around her.

• *Desde el boceto se plantean figuras sencillas, ya que la idea era trabajar con una paleta de colores reducida y la aplicación de tramas simples.*

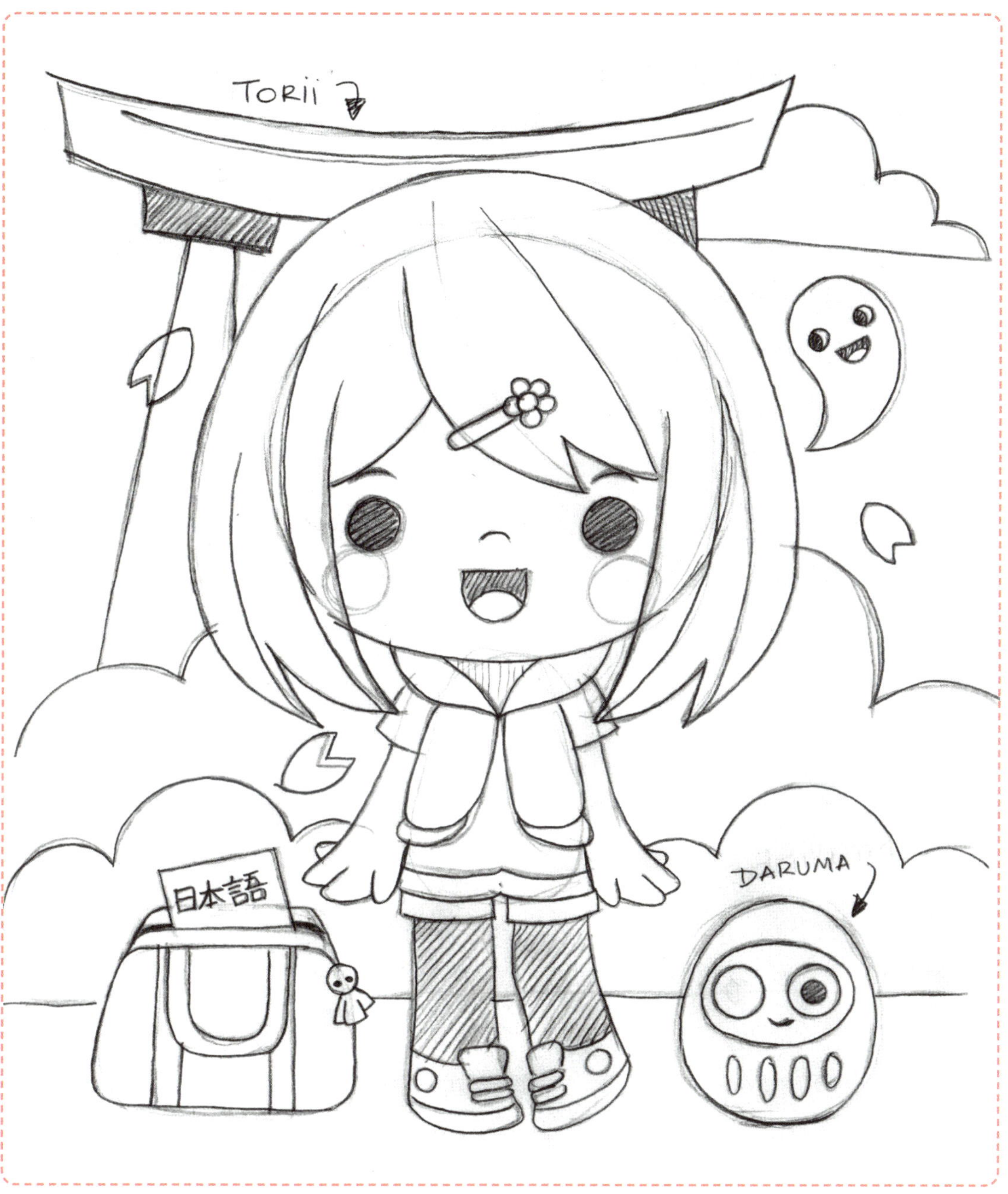

Artist: Azul Piñeiro

Web: www.estudiokudasai.com

2. STRUCTURE • ESTRUCTURA

• Draw the basic form of the girl and place her in the middle of the canvas.

• *La disposición en esta imagen es mas bien triangular, donde la niña será el centro de atención, y luego irá acompañada de otros elementos. La mayor característica del estilo "chibi" es la de una cabeza proporcionalmente más grande del cuerpo, y cierta simetría.*

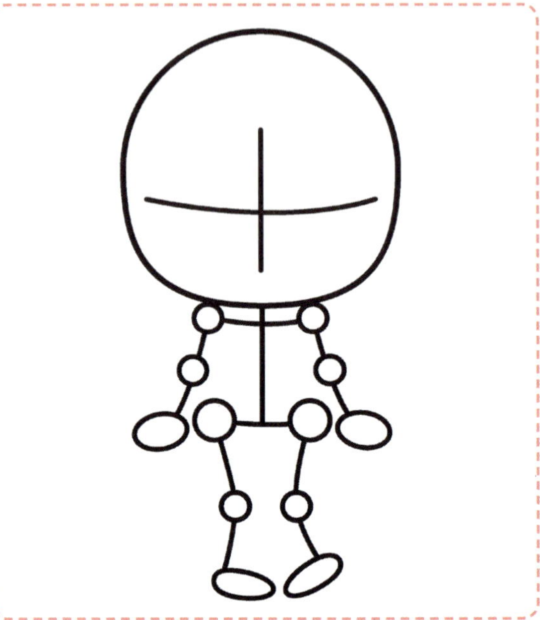

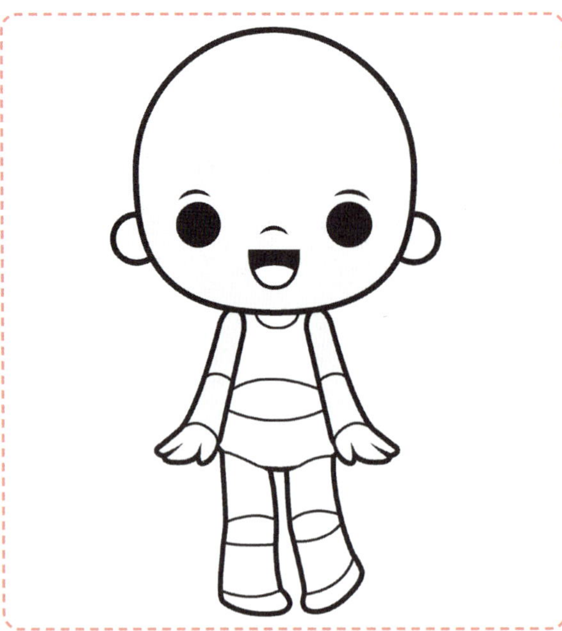

3. VOLUME • VOLUMEN

• Next, add her eyes and smiling mouth, and fill out her body, being sure to keep the proportions of her body smaller than her head.

• *Posicionamos los ojos y la boca, definiendo la direccionalidad del personaje. Damos volumen al cuerpo, de manera que podremos ver el espacio que ocupará en la escena y situamos las articulaciones, para comprobar que la postura es coherente con la escena.*

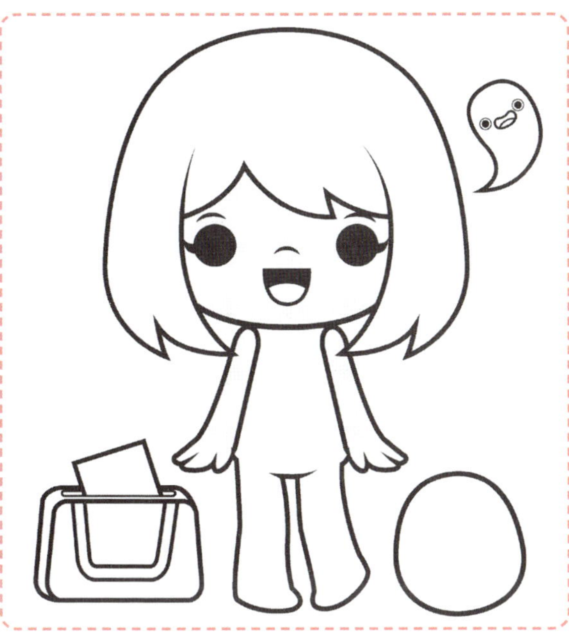

4. ANATOMY • ANATOMÍA

• Give her a cute hairdo and add other elements to the scene, including a few spirits and her bag.

• *Es hora de comenzar a componer la imagen. Elegimos una posición, en la que el personaje se encuentra con una de las piernas un tanto ladeadas, brazos estirados y manos pegadas a la cadera y abiertas hacia fuera, con esto conseguimos proyectar la personalidad y estado anímico del personaje en la escena.*

5. DETAILS • DETALLES

• How old is the character? What kind of clothes is she wearing? These details help to finalize the drawing conception. The artist chose to dress her in a comfortable outdoorsy outfit. Add a detail in her hair, giving it a sweet and youthful touch.

• *¿Qué edad tiene nuestro personaje? ¿Qué tipo de ropa usa?. Esos detalles nos ayudan a su concepción. Utilizamos un estilo de ropa urbano a la vez que cómodo. Le añadimos un detalle en el pelo, que le da un toque dulce y juvenil. Dibujamos trazos de línea más finas en el interior que darán una sensación de delicadeza.*

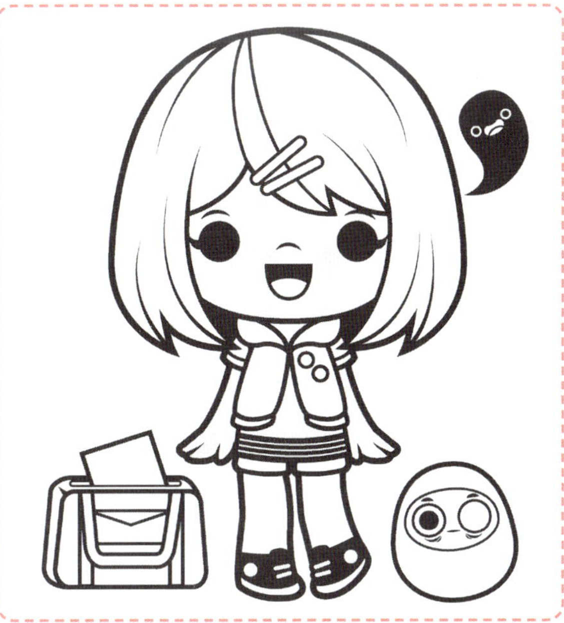

6.1. COLOR

• In this case, a limited color palette was chosen even before starting the sketches. Having only a few preset colors, you have to explore the tone and contrast between them, and as a result you get a much cleaner and unified image.

• *En este caso, la paleta limitada fue decidida incluso antes de comenzar con los bocetos. Tener los colores preestablecidos, y en poca cantidad, es un buen ejercicio para planificar muy bien el uso de cada tono y contraste entre los mismos. Como resultado, conseguimos una imagen limpia y contrastada.*

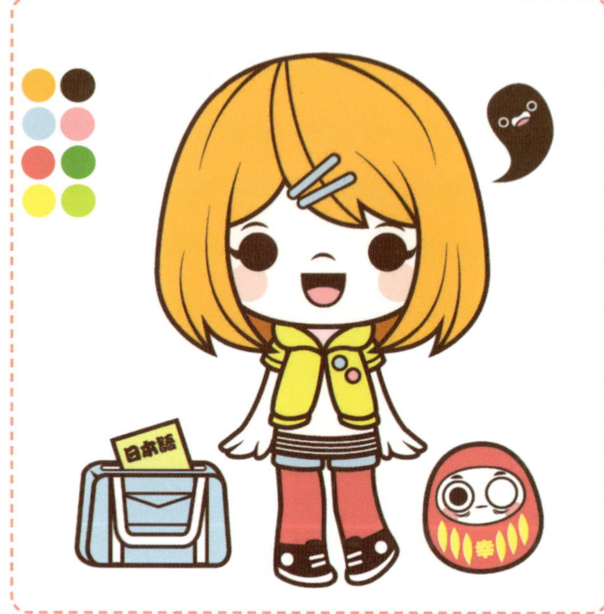

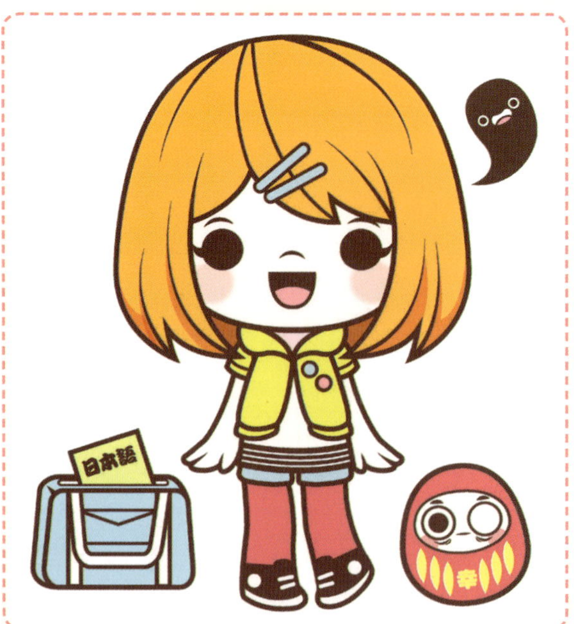

6.2. COLOR

• Apply a soft shadow to the hair to give it depth and volume to the shape of the head, and give her pink cheeks to make her look younger and sweeter.

• *Aplicamos una sombra suave en el pelo para darle profundidad y volumen a la forma de la cabeza, y unas mejillas rosadas para hacerla lucir más joven y dulce.*

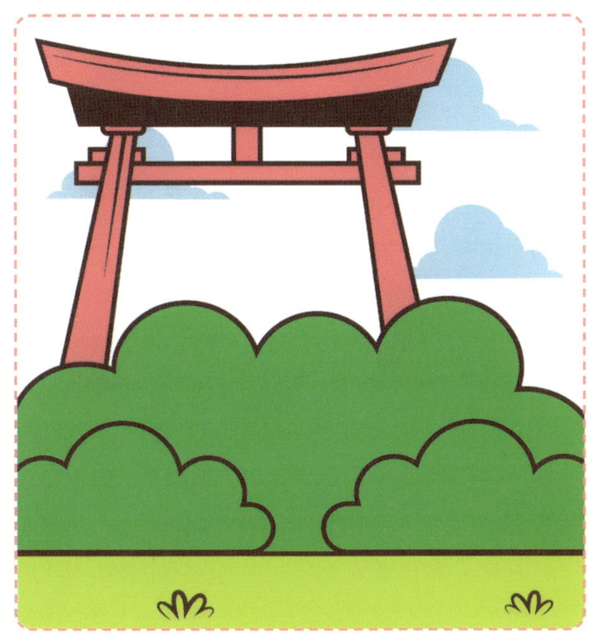

7.1. BACKGROUND • FONDO

• The background is essential in order to know where the character is. Although usually left for last, designing the background is no less important. Use darker colors on the background so that the lighter colors used for the girl will pop and stand apart.

• *El fondo es fundamental para saber dónde se encuentra nuestro personaje. Aunque se suele dejar para el final, no es menos importante. Utilizamos colores más oscuros que harán que la niña esté un paso por delante de todo lo demás.*

7.2. BACKGROUND • FONDO

• By applying patterns and textures, our image gets extra value. Use different color little circles to separate the objects in the back from the objects in the front.

• *Aplicamos tramas y texturas que aportan a nuestra imagen un valor extra. Al aplicarlas al fondo, separamos los elementos que aparecen por detrás de los que están por delante.*

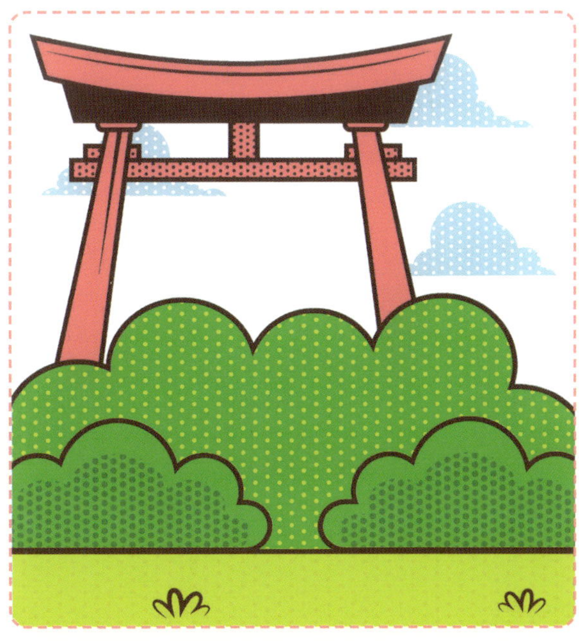

8. FINISHING TOUCHES
ACABADOS FINALES

- By using flat colors without shadows or highlights, the dot pattern works to give depth and texture to the different elements in the image.

- *En este caso, al tratarse de colores planos y sin sombras o brillos que le den volumen, las tramas trabajan para dar profundidad y textura a los elementos que componen la ilustración.*

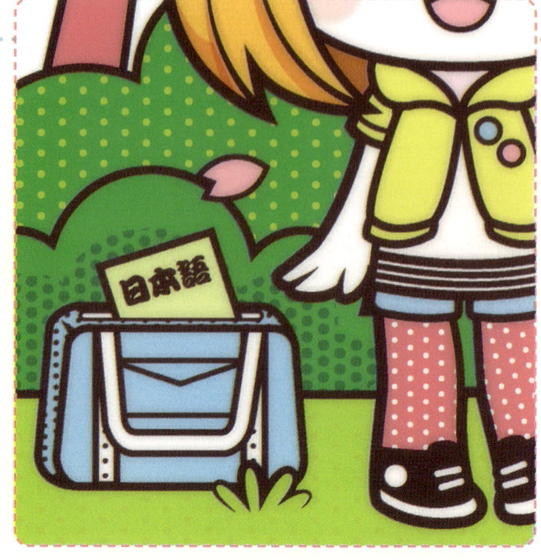

TIPS & TRICKS
TRUCOS Y CONSEJOS

- Enlarging or shrinking the dots gives more diversity to the image. You can always use the same dots, but by changing the colors of the dots and their size they then serve to add contrast.

- Use a thicker line around the character to make her stand out.

- Apply a slight blur effect to soften the hard vectors.

- Software used: Adobe Illustrator & Adobe Photoshop.

- *Agrandar o achicar ciertas tramas nos da más diversidad en la imagen. Podemos utilizar siempre los mismos lunares, pero cambiando su color y tamaño estos también pueden servir para sombrear.*

- *Una línea más gruesa que envuelva a los personajes les da más fuerza.*

- *Aplicar un leve efecto de blur para suavizar los vectores duros.*

- *Softwares utilizados: Adobe Illustrator y Adobe Photoshop.*

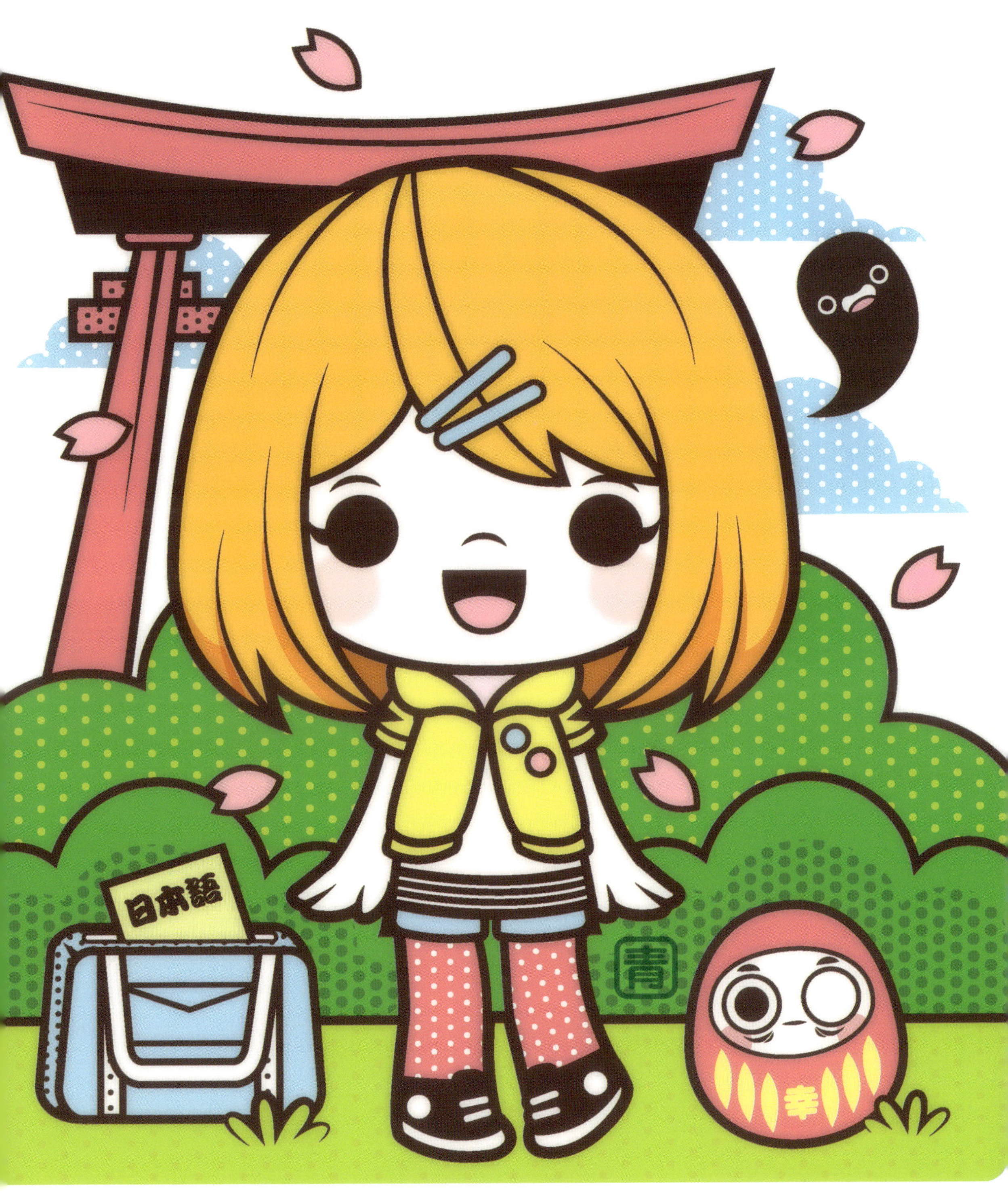
日本語
青
幸

KAWAII PASTRY LOLITA

• Rachel is a cute little girl who loves sweets. She dreams of living in a magical world full of giant desserts and kawaii pastries that she can play with.

• *Rachel es una niña muy dulce que le encantan las tartas. Ella sueña con vivir en un mundo mágico kawaii, lleno de postres y pasteles gigantes con los que pueda jugar.*

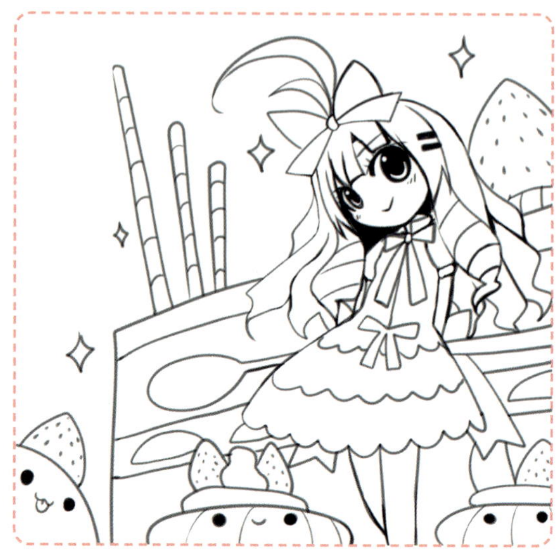

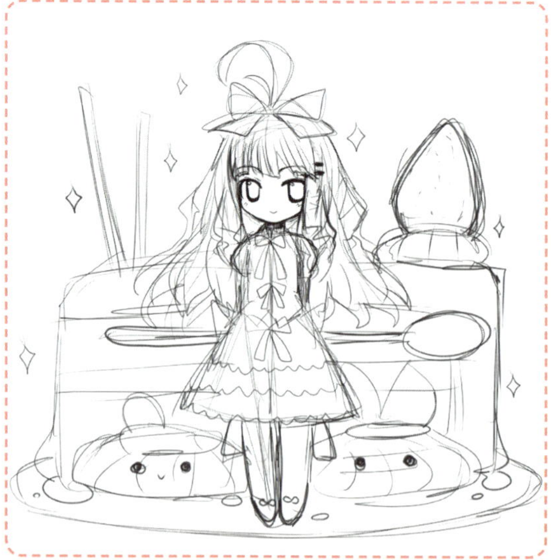

1. SKETCH • BOCETO

• Place Rachel in the center of the image, surrounded by giant desserts.

• *Colocamos a Rachel en el centro de la imagen rodeada por una enorme tarta.*

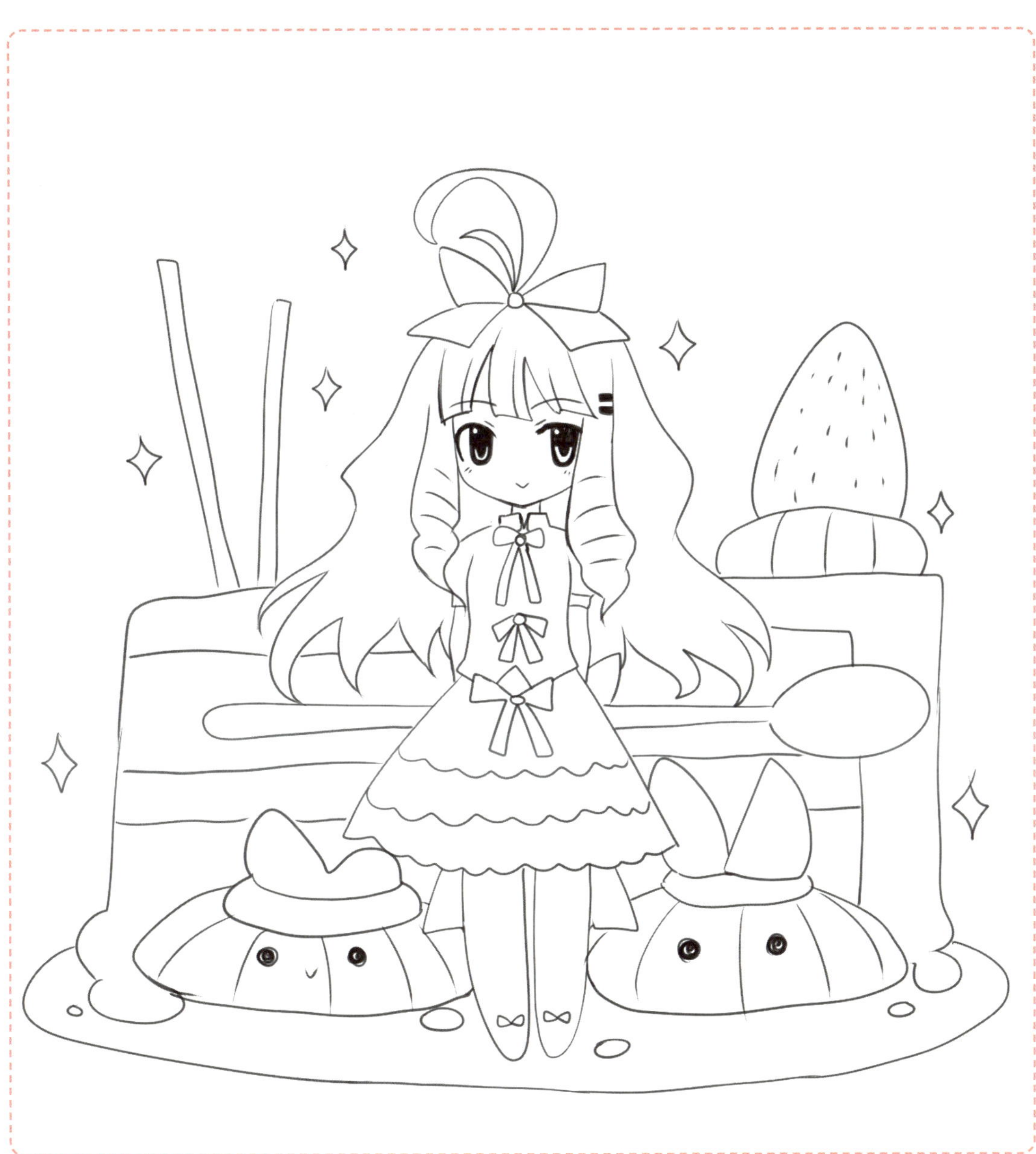

Artist: Emperpep

Web: www.deviantart.com/emperpep

2. STRUCTURE • ESTRUCTURA

• Sketch out the figure in relation to the other elements in the image. Pay attention to the proportions.

• *Trazamos la figura en relación con los otros elementos de la imagen. Presta atención a las proporciones.*

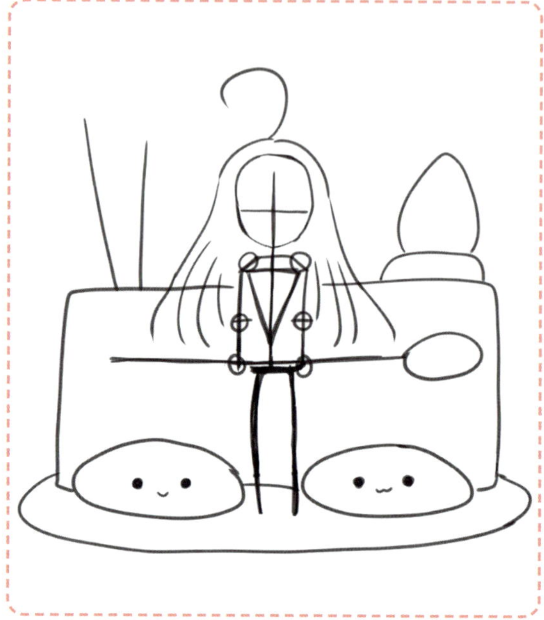

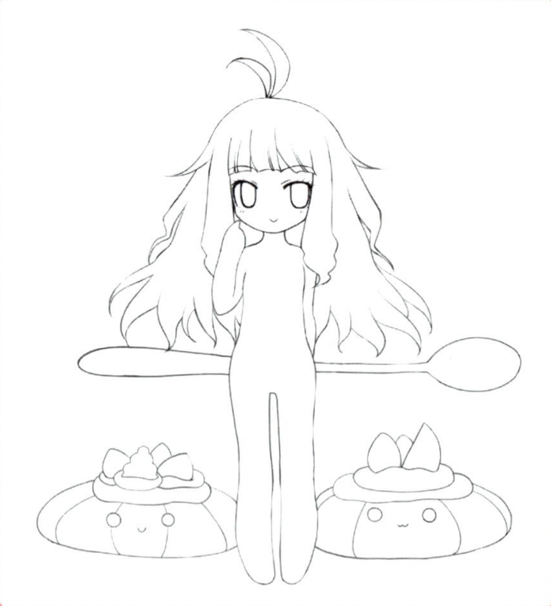

3. VOLUME • VOLUMEN

• Draw the basic outline of the character, her hair, and some of the pastries. To give her a more dynamic pose, bend one of her arms up.

• *Dibujamos el esquema básico del personaje, su pelo, y algunos de los pasteles. Para darle una postura más dinámica, doblamos sus brazos.*

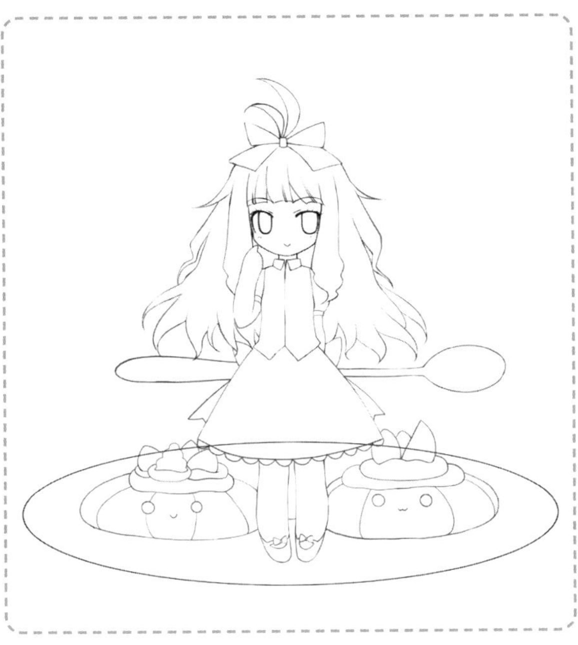

4. ANATOMY • ANATOMÍA

• Next draw on a Lolita dress and add a bow to Rachel's hair. You want to start thinking about the background so draw a large circle at the bottom of the image to represent a dish.

• *Añadimos un vestido lolita y un gran lazo en el pelo de Rachel. En la parte inferior de la imagen, colocamos un círculo para representar el plato de la tarta.*

5. DETAILS • DETALLES

• Decorate all the small details on her dress, and after the strawberry cake is added, incorporate some sparkles on the background.

• *Decoramos con pequeños detalles su vestido, después añadimos el pastel de fresa, incorporamos algunos destellos en el fondo.*

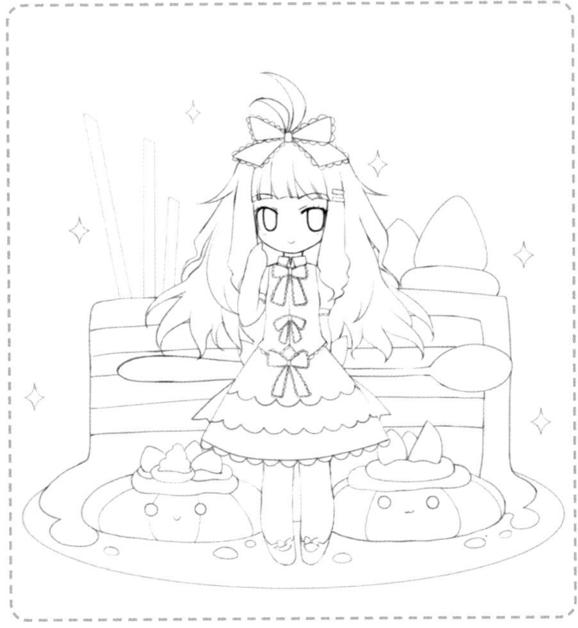

6.1. COLOR

• Apply base colors to the girl and objects around her. Choose colors that make the picture look cheerful.

• *Aplicamos los colores base en Rachel y en los objetos de su alrededor. Elejimos colores vivos para ayudar a que la imagen se vea más alegre.*

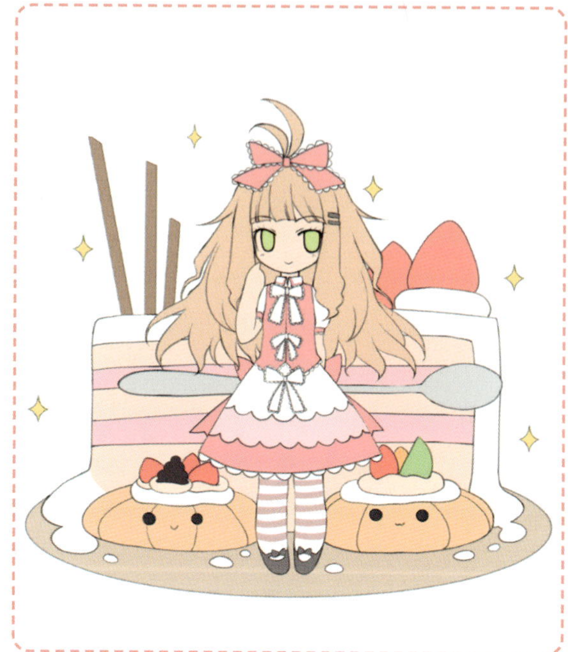

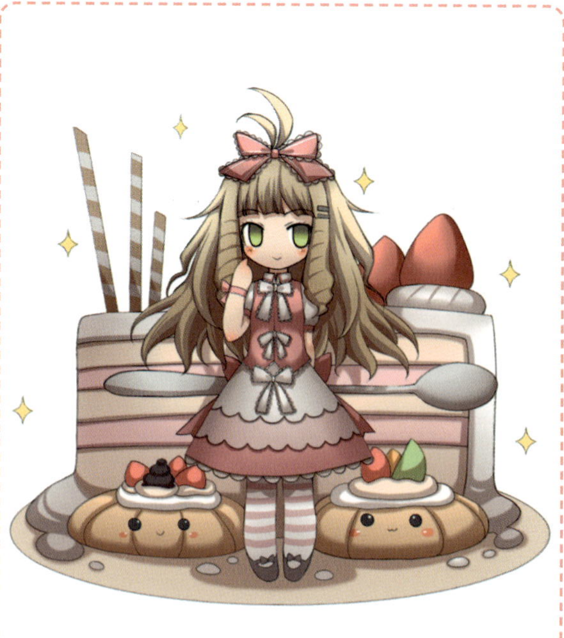

6.2. COLOR

• Use multiple layers for shadowing, and add a reddish-gray light. Try to avoid using pure neutral gray; it will otherwise make the picture look too drab.

• *Creamos varias capas para añadir el sombreado, y una luz gris rojiza. Tratar de evitar el uso de tonos grises, esto hará que la imagen se vea menos monótona.*

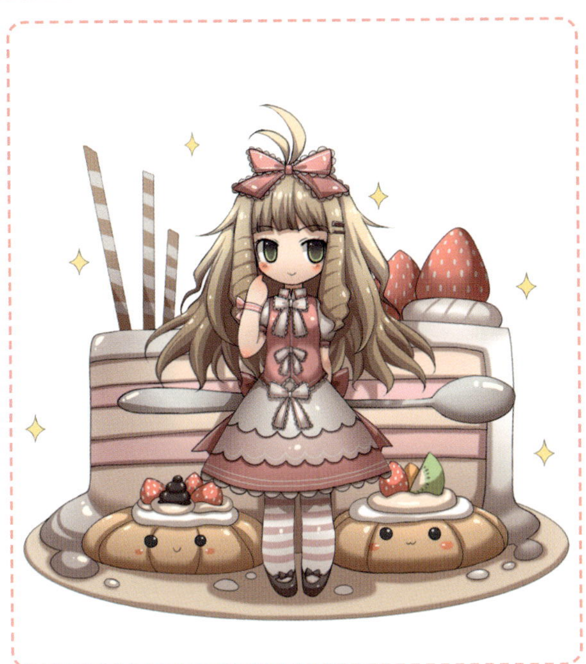

6.3. COLOR

- Add highlights to her hair, dress, and the desserts. Use screen type layer for highlighting, and blend some shadow areas with a smudge tool to soften the picture.

- *Añadimos diferentes puntos de luz en su pelo, vestido, y detalles de la tarta. Damos profundidad a sus ojos usando tonos mas oscuros.*

7. BACKGROUND • FONDO

- For the background, create a pink diamond pattern, similar to a tablecloth. Adjust the size and opacity to match the whole image. In addition, a second deeper shadow is added at this step, with multiply layer mode.

- *Para el fondo, creamos un estampado con formas romboides rosas, similar al de un mantel. Ajustamos el tamaño y la opacidad para que coincida con la imagen. Añadimos una segunda sombra más profunda en este paso, y multiplicamos la capa.*

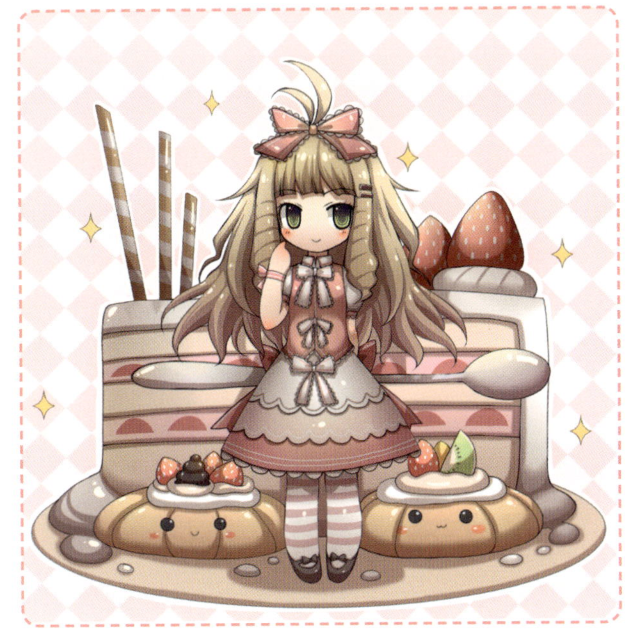

8. FINISHING TOUCHES
ACABADOS FINALES

• A cute worm is added to the strawberry on the cake, and more texture is added to the girl and other elements in the image.

• *Añadimos en la fresa un divertido gusano. Aplicaremos una textura rugosa al fondo. Delineamos el contorno en color blanco para destacar sobre el fondo.*

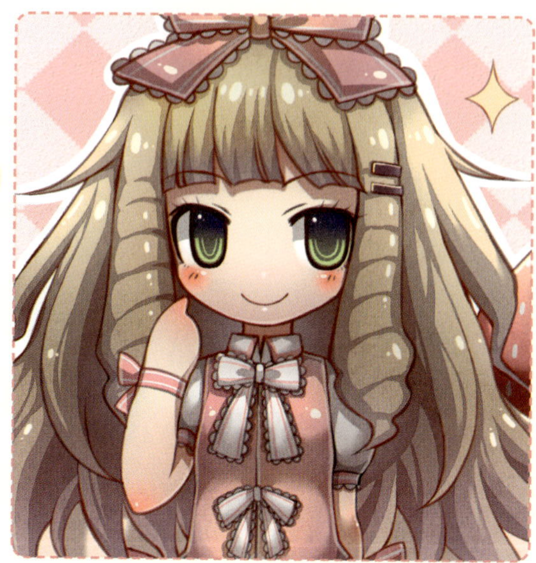

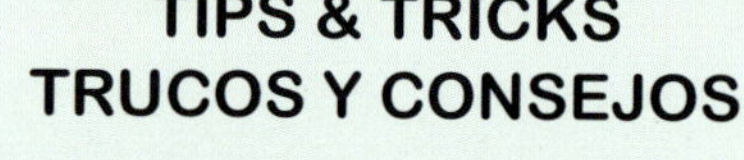

TIPS & TRICKS
TRUCOS Y CONSEJOS

• You can easily add texture by using the texture panel in any software; enjoy experimenting with this.

• You can also explore different textures on the internet.

• Adjust the size and opacity of the texture until you reach a nice balance.

• Software used: Paint Tool SAI & Adobe Photoshop.

• *Una textura rugosa para el fondo nos ayuda a dar realismo.*

• *Puedes descargar diferentes texturas desde internet, hay una gran variedad.*

• *Ajusta el tamaño y la opacidad de la textura hasta que quede equilibrado.*

• *Softwares utilizados: Paint Tool SAI y Adobe Photoshop.*

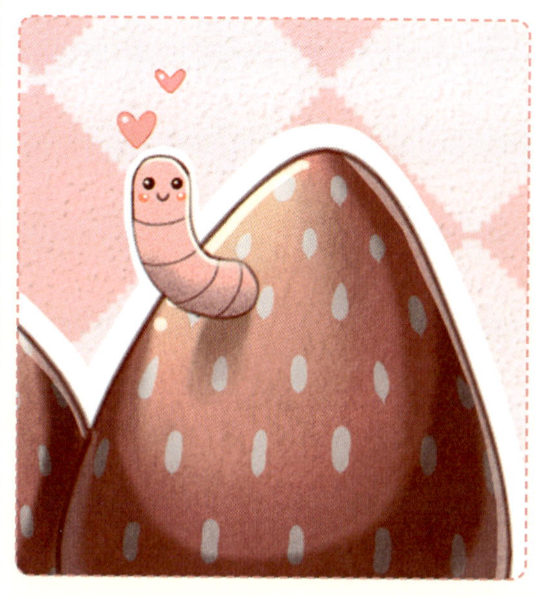

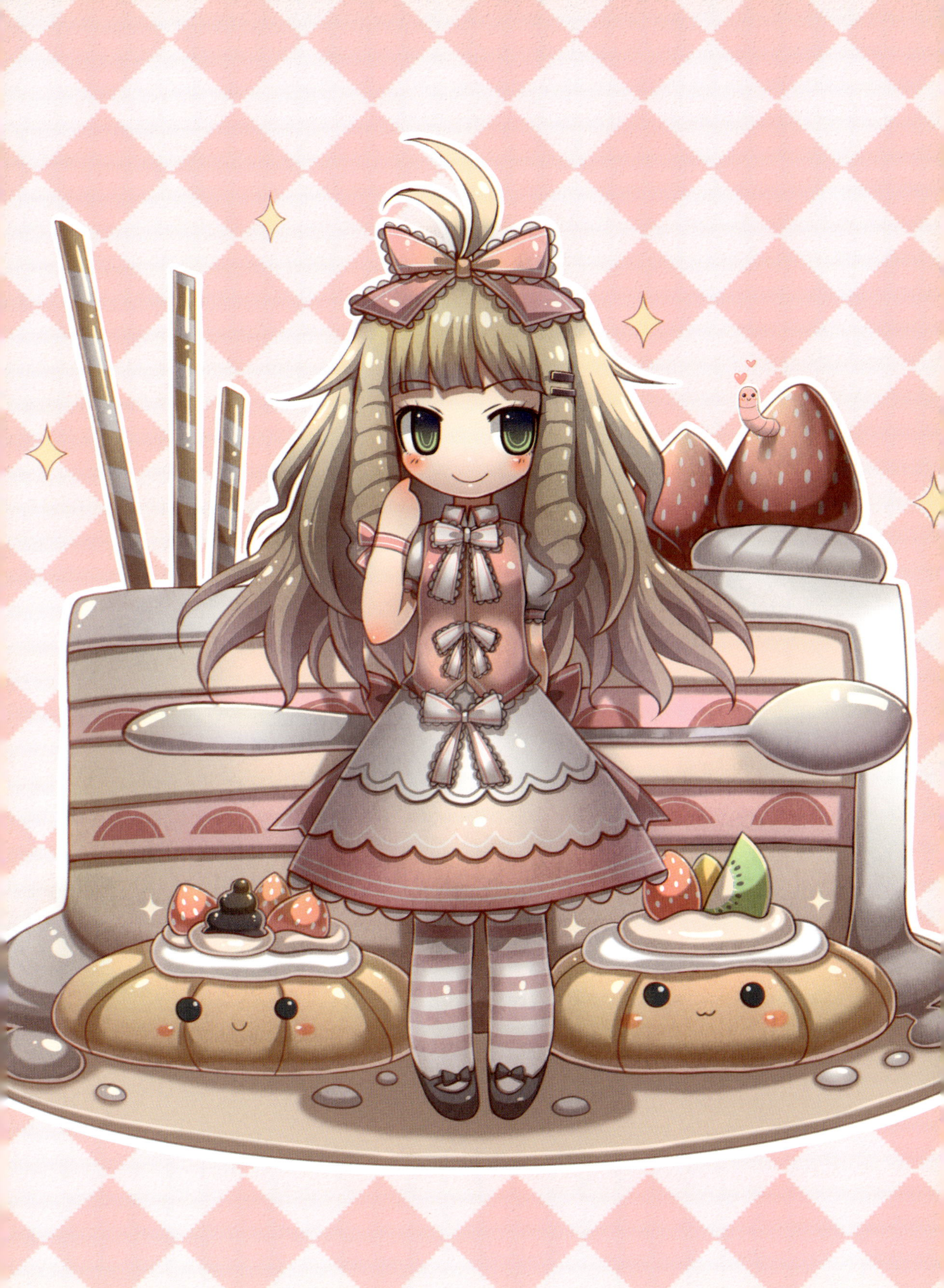

LANTERN FESTIVAL GUY

• The lantern festival is a popular Japanese festivity that our character, Shiro, always attends.

He loves to participate in the activities, sample the food, and wander down the street with his torch while admiring the lanterns flying in the sky.

• *El festival de los farolillos es una fiesta popular japonesa que Shiro, nuestro travieso protagonista, adora y nunca se pierde.*

Le encanta participar en todas las actividades, probar toda la comida que ofrecen en los puestos e ir alumbrando alegremente las calles con su antorcha mientras ve volar los farolillos en cielo.

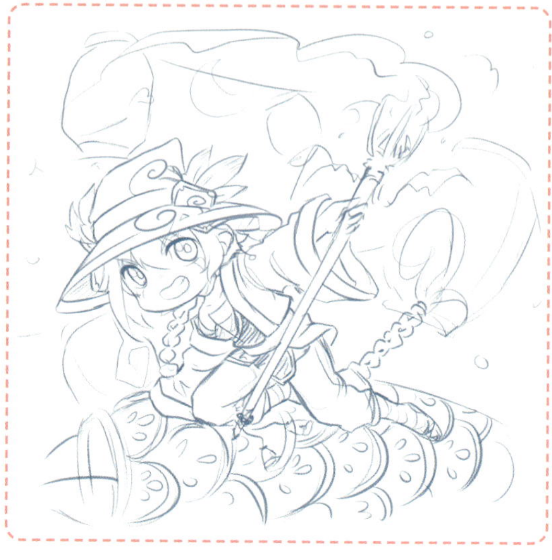

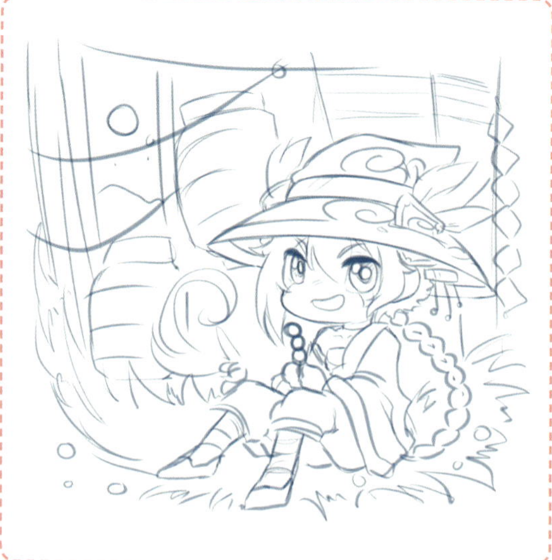

1. SKETCH • BOCETO

• After trying several sketches and compositions, let's explore the one on the right, where we have a cheerful Shiro posed with the lanterns in the background.

• *Después de probar varios bocetos y composiciones, vamos a desarrollar el de la derecha, donde vemos a un alegre Shiro posando con los farolillos de fondo.*

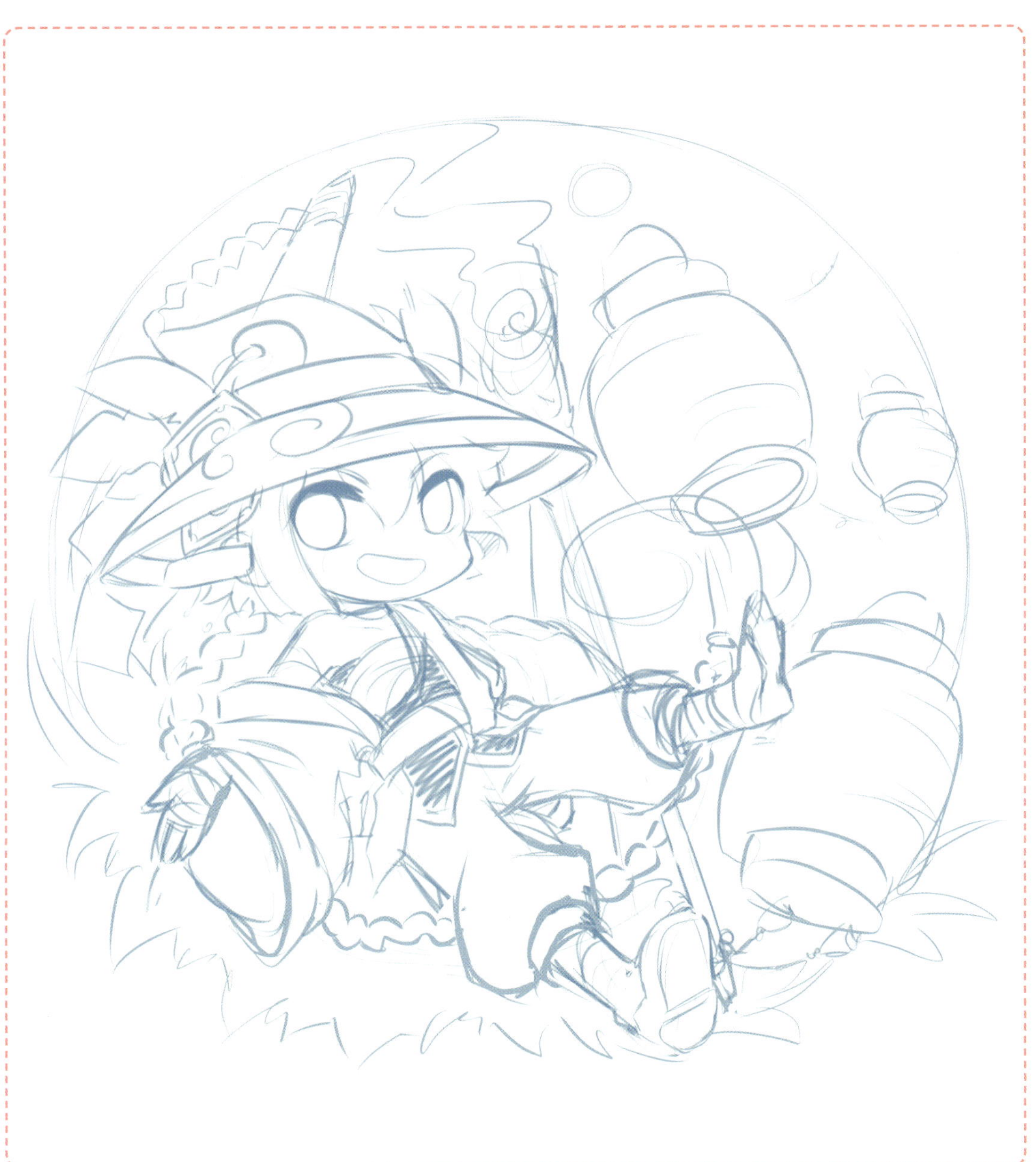

Artist: Sandra G.H.

Web: www.deviantart.com/sandragh

2. STRUCTURE • ESTRUCTURA

• Draw the characters outline to use as a guide for his pose. Shiro is a young and cheerful boy, so the pose you need to get is carefree and friendly.

• *Dibujamos el esqueleto del personaje de forma simple para que nos sirva de guía para la pose que queremos que tenga. Shiro es un chico joven y alegre, por lo que la pose que queremos es despreocupada y jovial.*

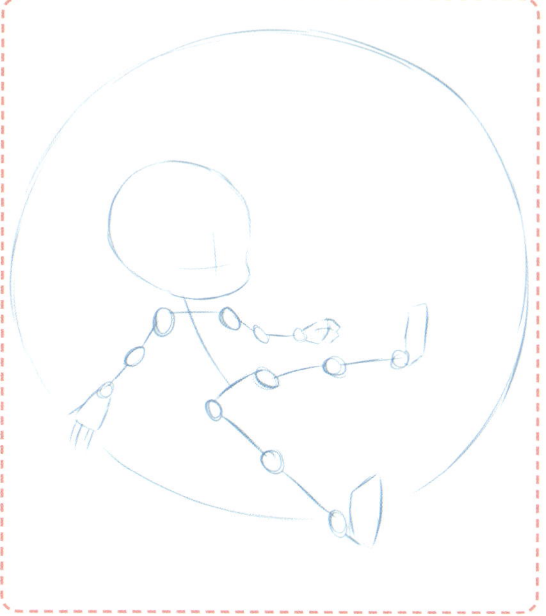

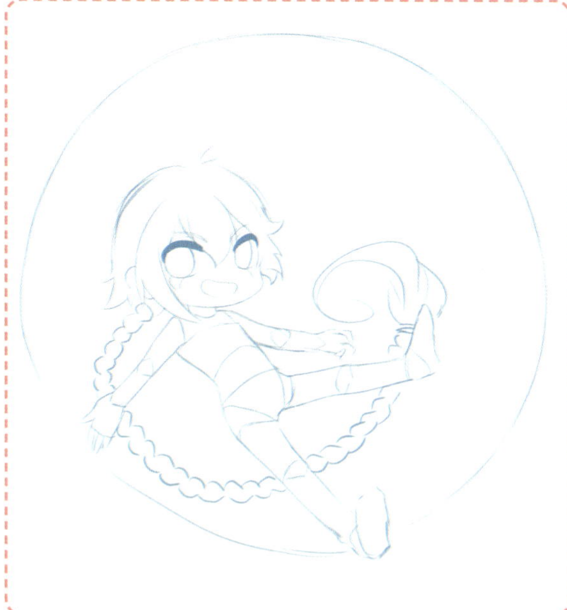

3. VOLUME • VOLUMEN

• Next, let's get the volume of our character. Place the eyes and mouth on the face, with a mischievous expression, and also draw the hair and some details like his very long braid.

• *A continuación pasamos a dibujar el volumen del personaje. Situamos además los ojos y la boca en la cara, con una expresión traviesa, dibujamos el pelo y algunos detalles como su larga trenza.*

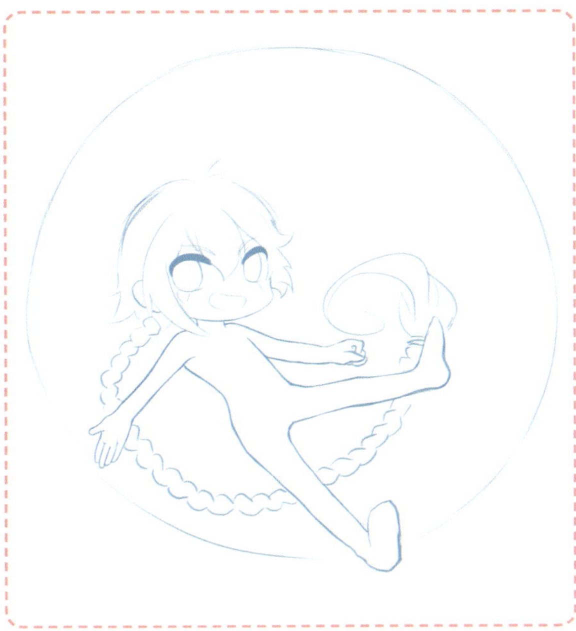

4. ANATOMY • ANATOMÍA

• Define Shiro's body. Remember to keep in mind that he is a young boy with a short stature and slender build.

• *Definimos de forma más detalladas el cuerpo y la anatomía. Shiro es un chico de corta estatura y de constitución delgada.*

5. DETAILS • DETALLES

• It's time to dress up our character and define the details! Since he is a fan of the festival, dress him up in festive clothes. Spending time on this step will give us a nice result.

• *¡Es hora de vestir a nuestro protagonista y definir los detalles!. Como le encantan los festivales, siempre lleva ropa acorde para estas fiestas.*

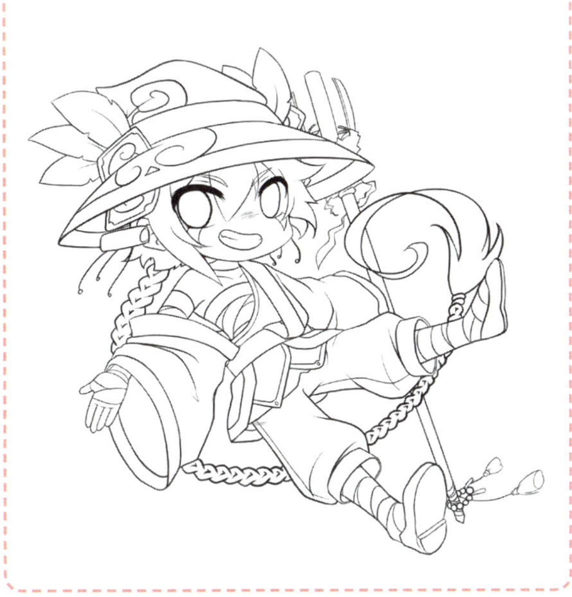

6.1. COLOR

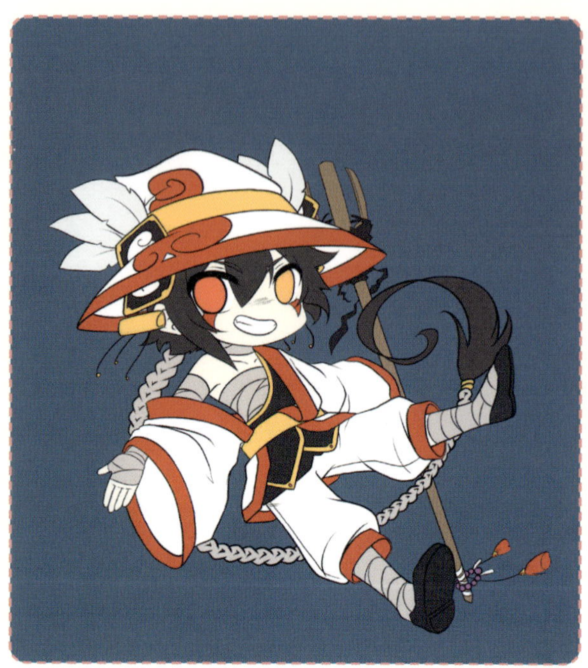

• Begin coloring by applying spot colors in separate layers; this will make it easier when we start the shading process. In order to make the colors pop, especially if the clothes are white such as in this case, fill the background with a dark color.

• *Comenzamos a colorear. Aplicamos los colores planos en capas separadas para facilitarnos más adelante el sombreado. Para visualizar bien las áreas de color, y sobre todo en nuestro caso el blanco de la ropa, rellenamos el fondo con un color oscuro.*

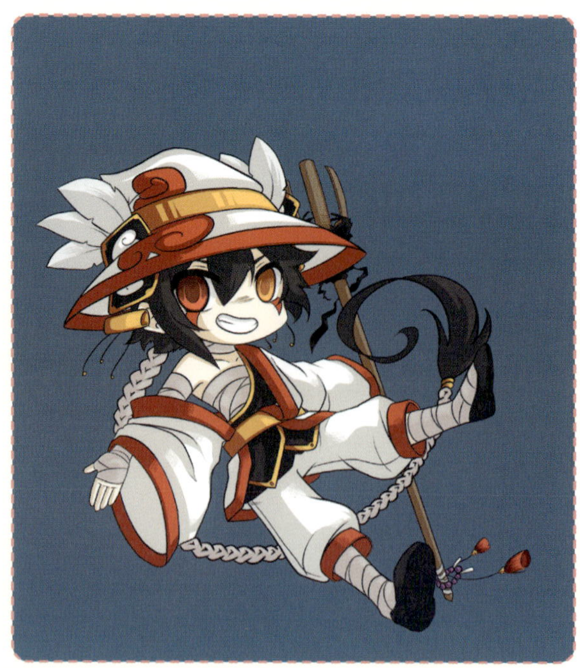

6.2. COLOR

• Create a new layer on your image to add the shadows. After you have determined the direction of the light on the character, apply shadows along the edges. In this case, the light is coming from the upper right corner.

• *Continuamos con algunas sombras básicas. Primero tenemos que definir el punto de donde procede la luz, en este caso queremos que la luz esté en la esquina superior derecha. Creamos una nueva capa y aplicamos las sombras.*

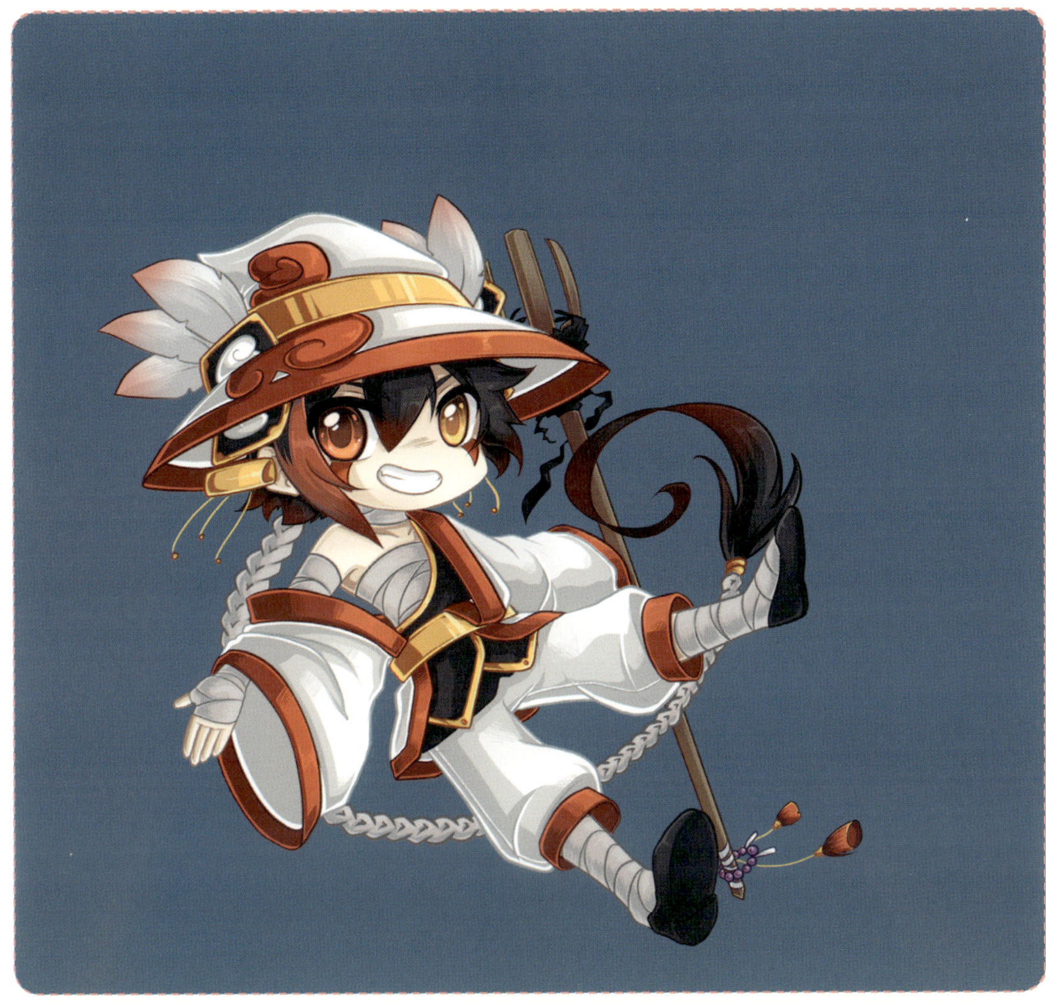

6.3. COLOR

• To create more volume, apply other darker shades over the basic shadows. Use lighter shades in the area to represent highlights.

• *Para darle más volumen al dibujo, sobre las sombras básicas que teníamos antes aplicamos otras sombras más oscuras. También, en la parte en la que incide directamente la luz utilizamos algunos brillos con tonos más claros.*

7.1. BACKGROUND • FONDO

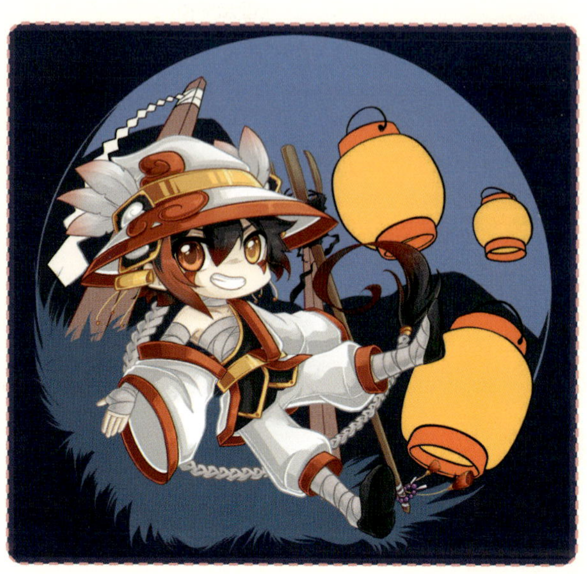

• The first step of creating the background is to clearly define other objects in the image, such as the lanterns. Next, create the scene. Add mountains in the background and grass in the foreground.

• *Pasamos al fondo. Lo primero es definir bien los objetos que vamos a tener. En este caso, hacemos el lineado de los farolillos y le aplicamos un color base. Pintamos algunas montañas de fondo y la hierba sobre la que se encuentra el personaje.*

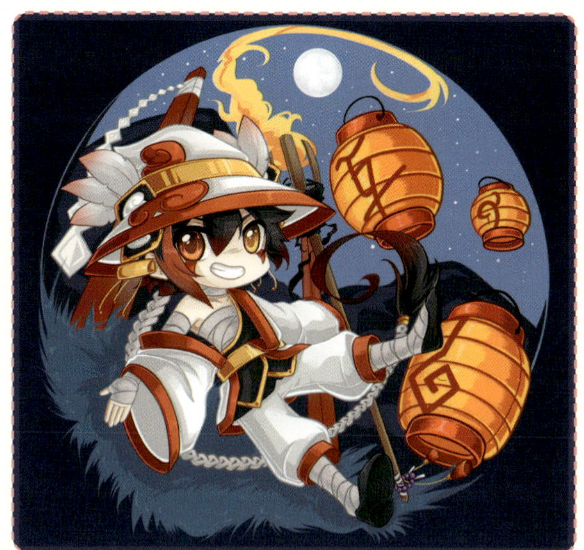

7.2. BACKGROUND • FONDO

• As with the character, apply shadows to the lanterns and grass to give the picture more depth. Don't forget to add fire to the character's torch.

• *Al igual que con el personaje, aplicamos las sombras con tonos saturados para que le de fuerza al dibujo.*

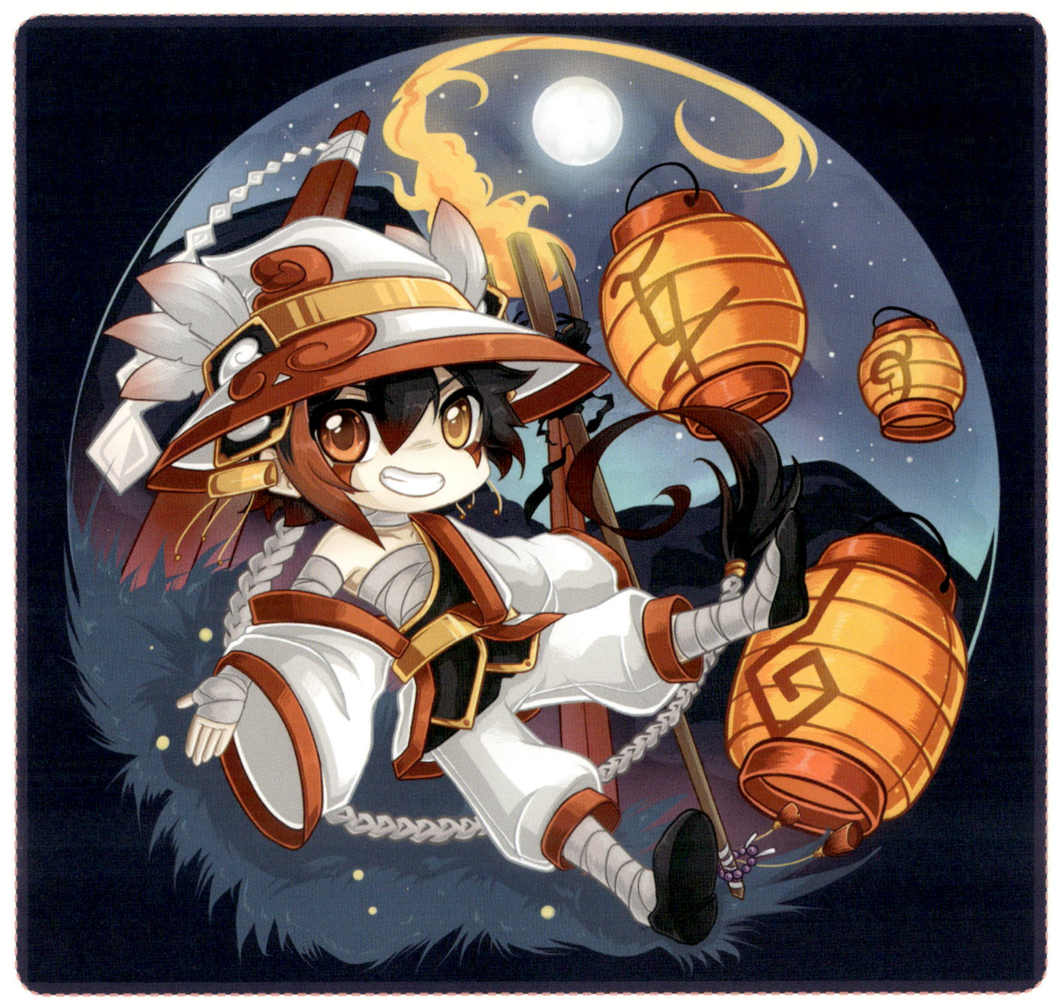

7.3. BACKGROUND • FONDO

• Finally, apply gradients to the sky by using lighter shades of blue, as well as lighter shades to the mountains so that the grass does not blend in with them.

• *Por último, utilizamos degradados para el cielo con tonos más claros y algún que otro tono rosado y morado para que la hierba no se funda con las montañas. Añadimos también algunas lucecitas pequeñas sobre la hierba.*

8. FINISHING TOUCHES ACABADOS FINALES

• Include a thin white border to the character so he stands out against the background.

• *Incluimos un pequeño borde blanco al personaje para que resalte sobre el fondo.*

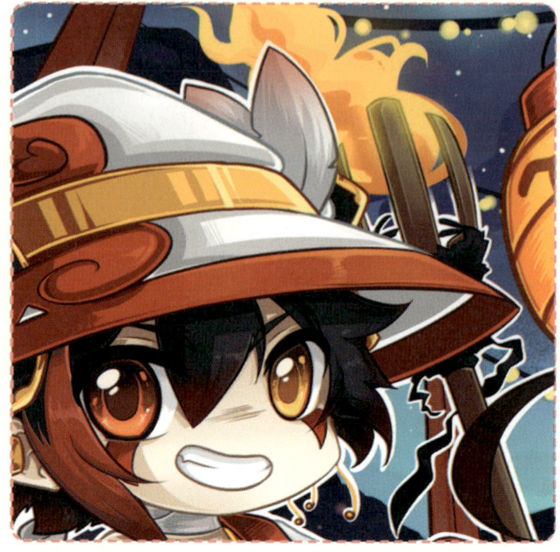

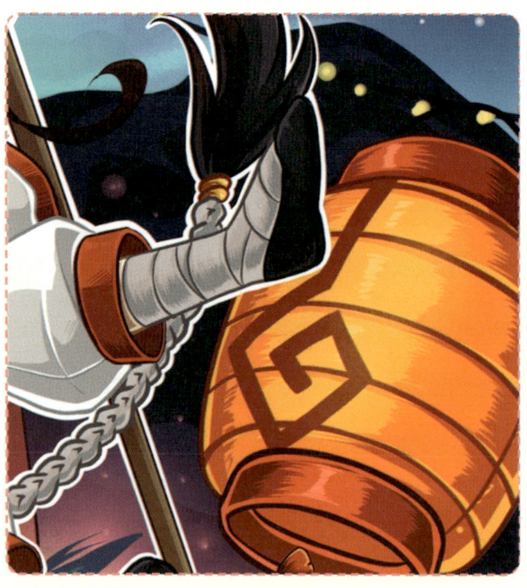

TIPS & TRICKS TRUCOS Y CONSEJOS

• Use bright and saturated colors to give more life to the drawing.

• In order to give the effect of light to lanterns, create a new layer, and with a soft brush or airbrush, just paint over it with a strong yellow.

• His eyes are what give life to the character, so they should be as expressive as possible. You can add saturated tones to bring them out, or some glitter.

• Software used: Paint Tool SAI.

• *Utilizamos colores brillantes y saturados para dar más vida al dibujo.*

• *Para dar los efectos de luz de los farolillos, creamos una capa nueva y con un pincel suave o con el aerógrafo pintamos encima con un tono amarillo.*

• *Los ojos le dan vida al personaje, por lo que deben ser lo más expresivos posibles. Se pueden añadir tonos saturados o brillos para que resalten.*

• *Softwares utilizados: Paint Tool SAI.*

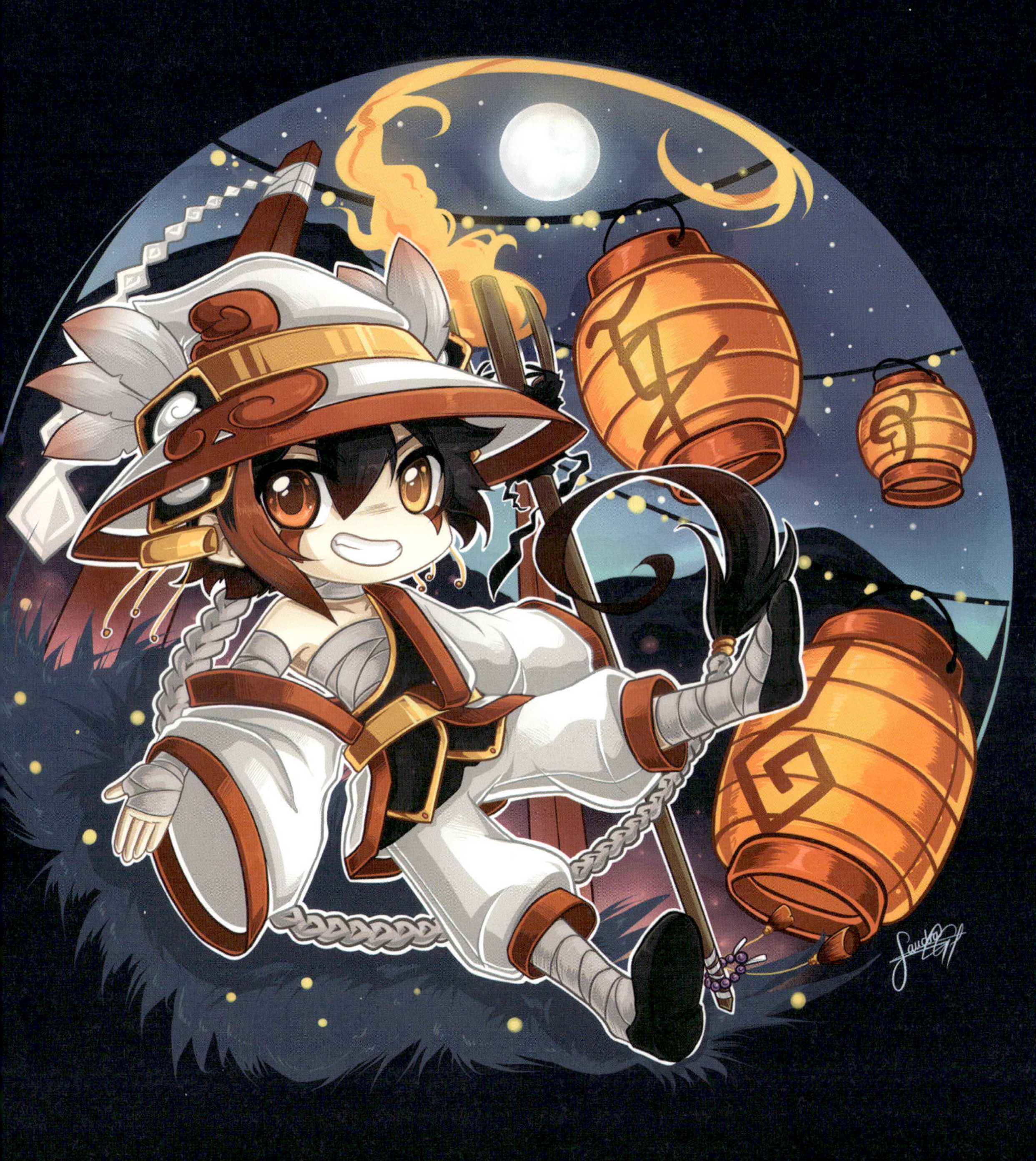

MINA

Mina is a typical teenage girl who enjoys spending a lot of time on the internet, playing games while eating sweets.

In spite of that, she has pretty good grades at school, since her father is a professor. He would do anything for Mina. She is a daddy's girl.

Mina es la típica adolescente, que disfruta pasando mucho tiempo en Internet jugando, y comiendo golosinas.

A pesar de eso, consigue muy buenos resultados en la escuela, ya que su padre es un profesor y le ayuda siempre. Ella es una niña de papá.

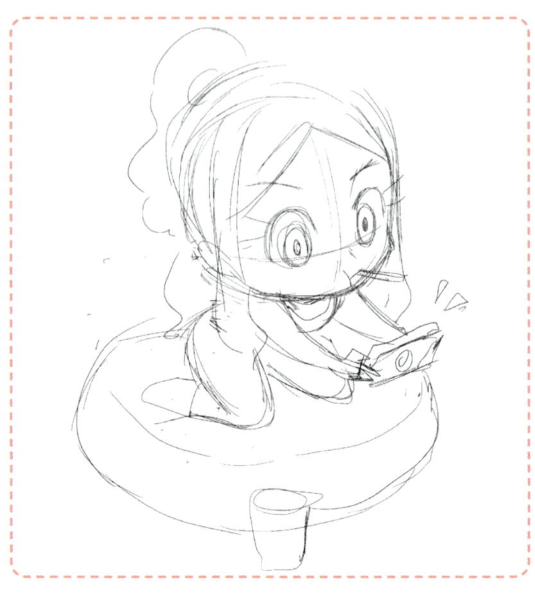

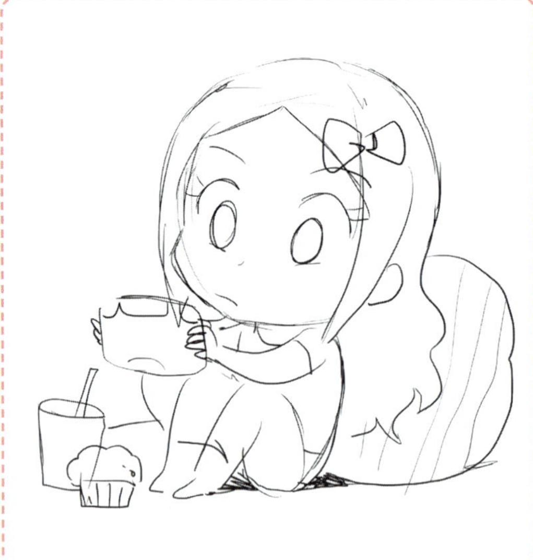

1. SKETCH • BOCETO

Let's draw Mina doing what she likes most, playing games on the internet.

Dibujamos a Mina haciendo lo que más le gusta. ¡Jugar por Internet!

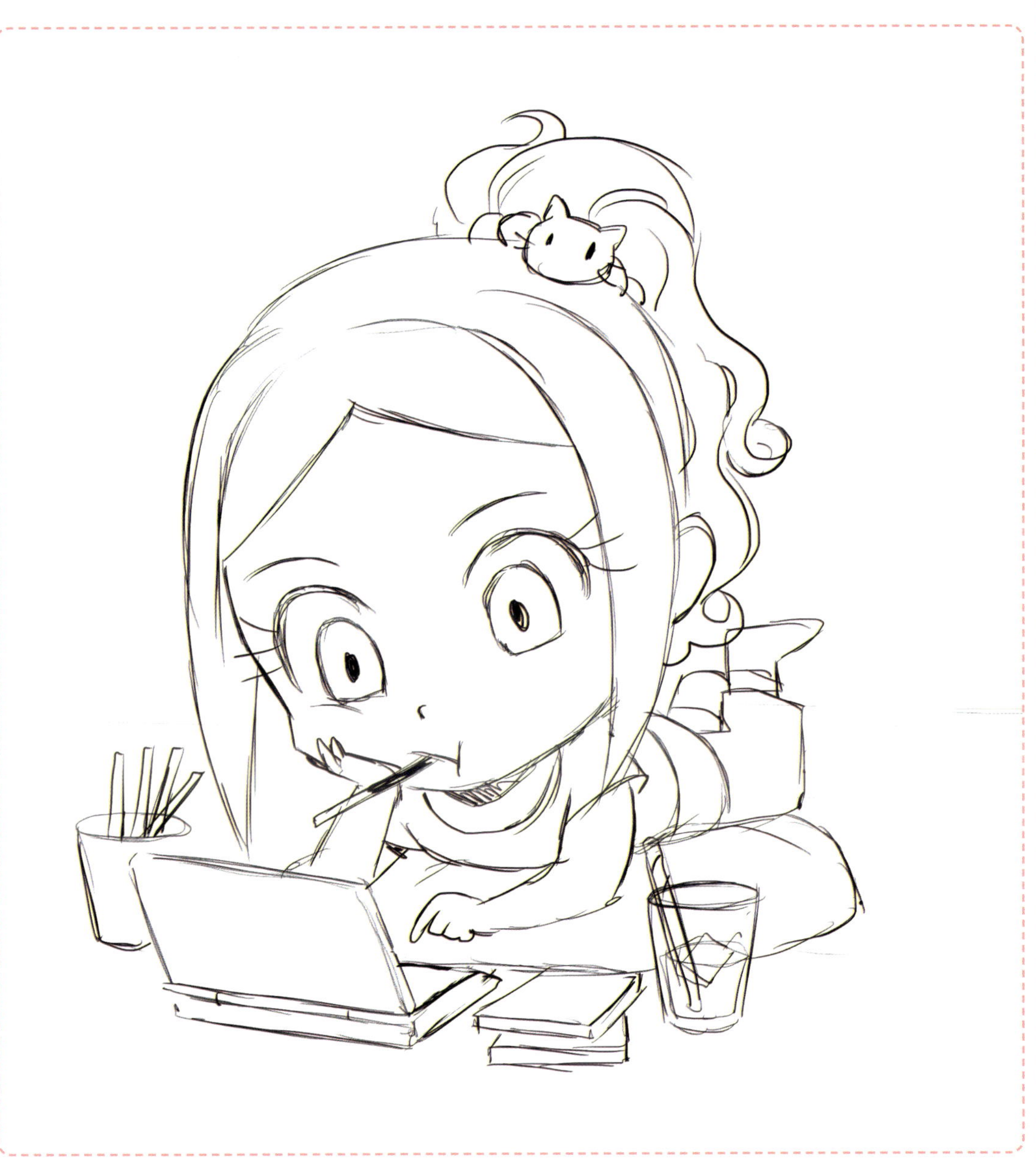

Artist: Meago

Web: www.meagolicious.com

2. STRUCTURE • ESTRUCTURA

• Draw the shape of the body and leave some space for various items like food, laptop, and other tools like pencils and pens. Draw her in lounging in front of the laptop.

• *Dibujamos la forma del cuerpo y dejamos un poco de espacio para diversos elementos como alimentos, ordenador, lápices y bolígrafos. Dibujamos a Mina descansando en frente del portátil.*

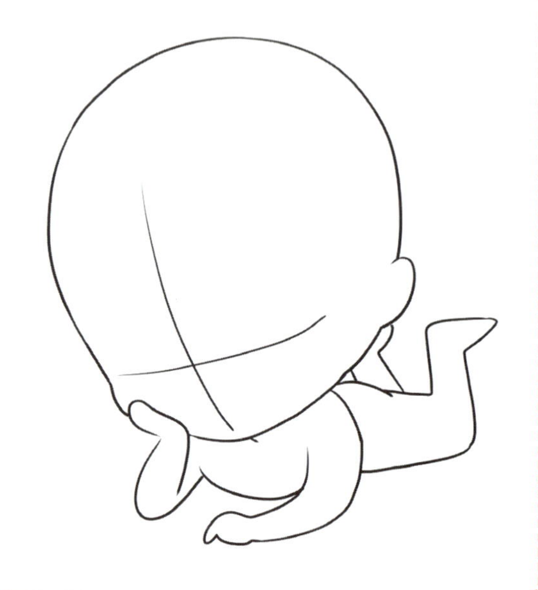

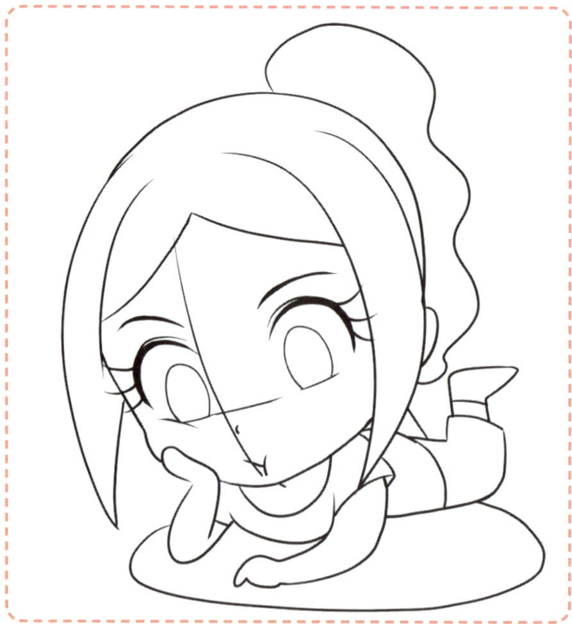

3. VOLUME • VOLUMEN

• Add a big pillow underneath her and give her hair and facial features such as eyes, eyebrows, and a nose.

• *Añadimos una almohada grande debajo de ella y creamos su cabello y rasgos faciales, como los ojos, las cejas y la nariz.*

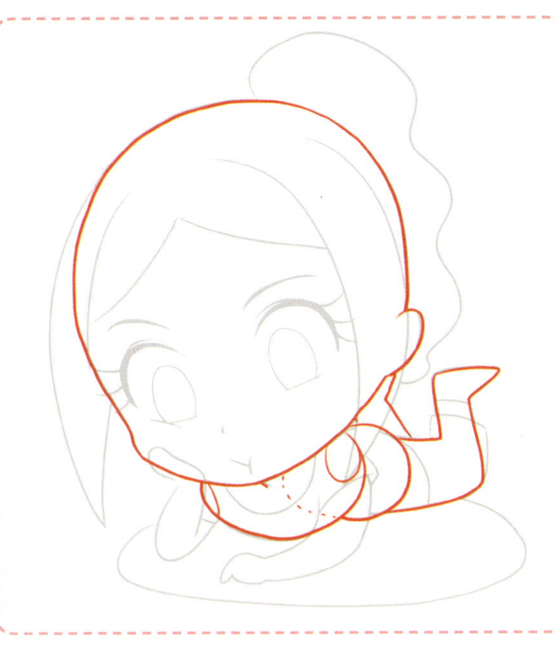

4. ANATOMY • ANATOMÍA

• We have to create some foreshortening here, by using round-shaped structures to draw bust and hips more or less in the right place.

• *Utilizamos estructuras de forma redonda para dibujar el busto y las caderas, más o menos en el lugar correcto*

5. DETAILS • DETALLES

• Now it's time to add details to her, such as a laptop, food, and some games. Also add more details to her face, hair, and accessories. Note the water glass is transparent, so leave some thin lines on the pillow, but erase slightly to indicate transparency.

• *Ahora es el momento de añadirle los detalles, el ordenador portátil, la comida, y algunos juegos. También agregamos más detalles a su cara, el pelo y diferentes accesorios. Tenemos que tener en cuenta que el vaso de agua es transparente, por lo que dejamos algunas líneas delgadas en la almohada, que borramos ligeramente para indicar la transparencia.*

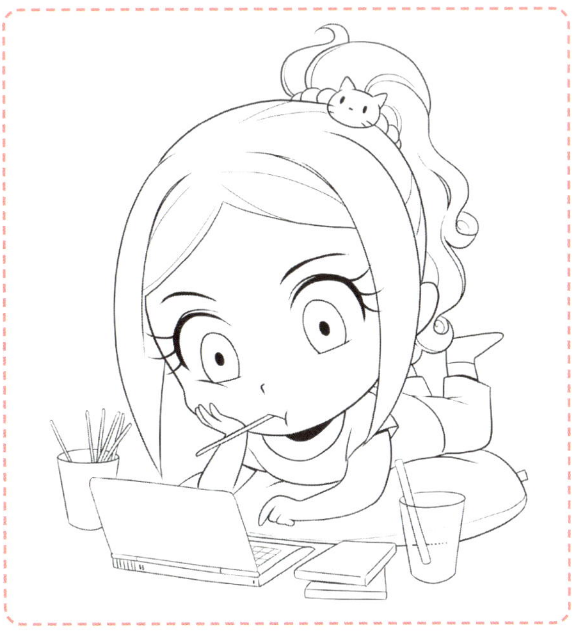

6.1. COLOR

- Feel free to use basic colors: we will complete the decoration later.

- *Siéntete libre de utilizar colores básicos, completaremos la decoración más tarde.*

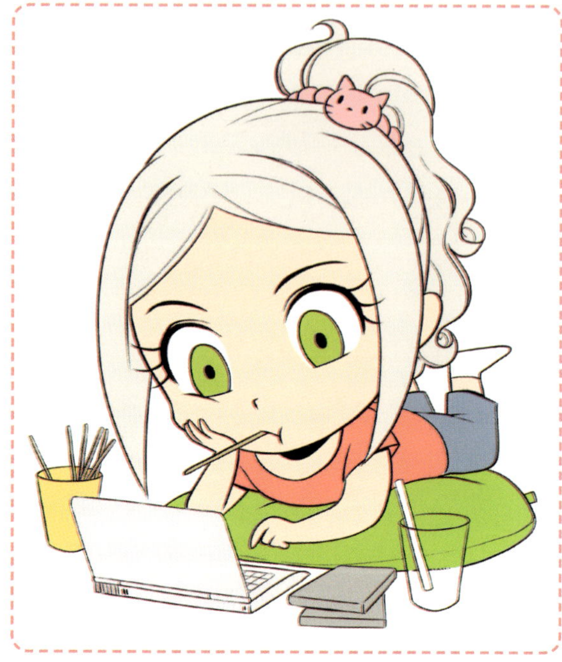

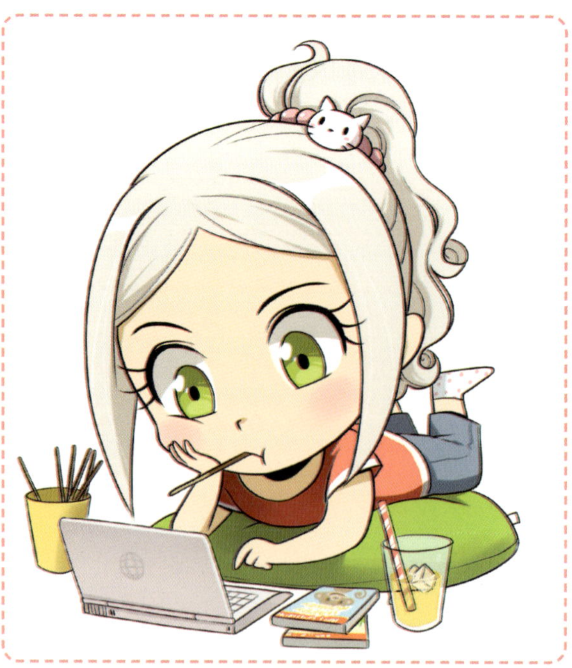

6.2. COLOR

- Explore with highlights, shadows, and some more color details like blushes, game box covers, ice cubes, etc.

- *Exploramos utilizando reflejos y sombras. Aplicamos algunos detalles de color para sonrojar la cara de Mina, dibujamos las cajas de los videojuegos, incluimos cubitos de hielo en el vaso, etc.*

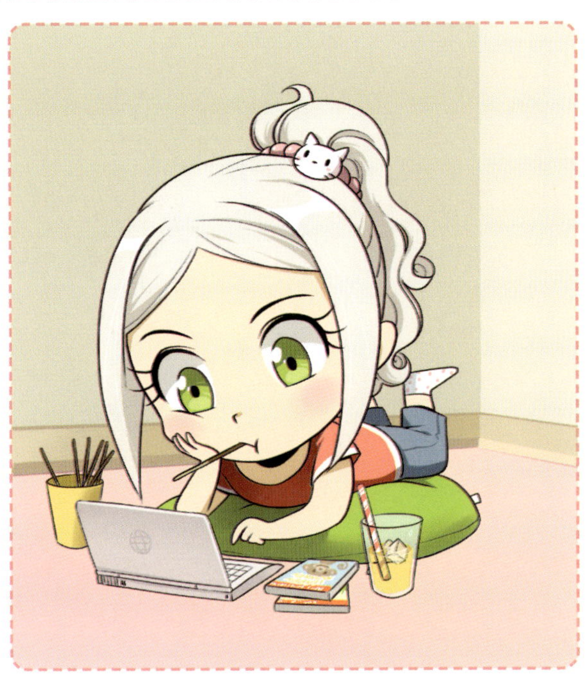

7.1. BACKGROUND • FONDO

• The background the artist chose to put the character in is her room. Draw the room corner so the picture appears less flat.

• *Hemos escogido su cuarto como fondo, para darle más personalidad. Para conseguir más volumen, dibujamos la habitación esquinada, de esta manera parece menos plana.*

7.2. BACKGROUND • FONDO

• Then add texture to the carpet (use the "soft light" layer mode in Photoshop), and some stripes on the walls, so that they are not too empty.

• *A continuación, añadimos textura a la alfombra (usamos la "luz suave" modo de capa en Photoshop), y algunas rayas en las paredes, con lo que conseguimos que el espacio no se vea vacío.*

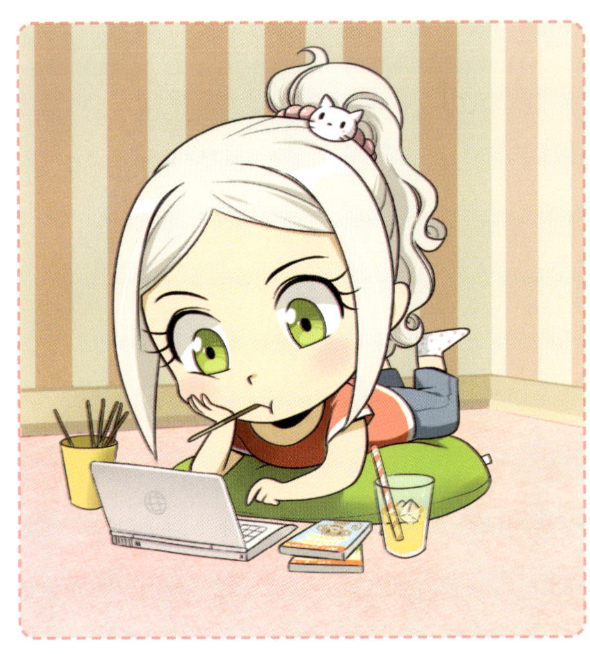

8. FINISHING TOUCHES
ACABADOS FINALES

• In the end, you can explore with shadows on the floor, add details like crumbs on the pillow, or music notes... and it's done!

• *Finalmente, jugamos con las sombras en el suelo, y añadimos más detalles como las migas en la almohada, o las notas musicales... y ¡Listo!*

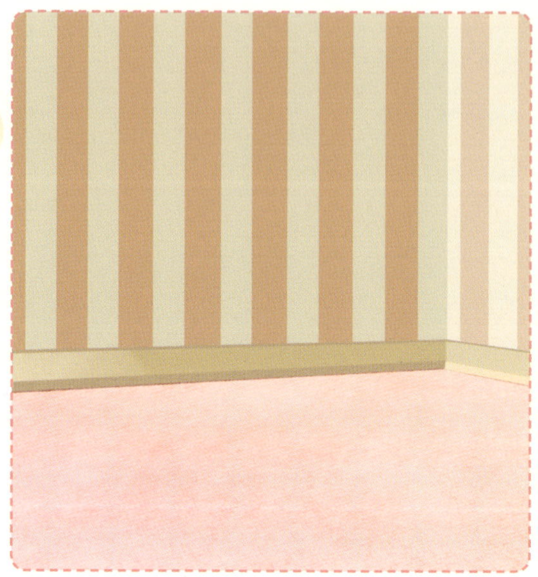

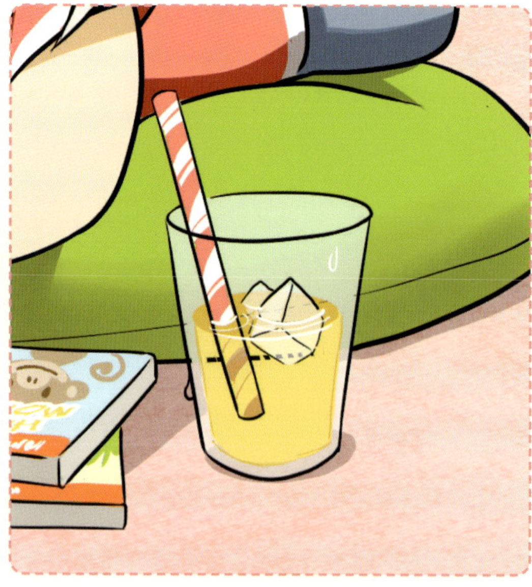

TIPS & TRICKS
TRUCOS Y CONSEJOS

• For the drink, in order to make it look transparent use a small opacity when coloring it in.

• Add a bubble with a music note to suggest the laptop is making noises.

• Software used: Paint Tool SAI & Adobe Photoshop

• *Bajamos la opacidad a la bebida para dar transparencia, a la hora de colorearla aplicamos colores suaves.*

• *Añadimos una burbuja con una nota musical, para sugerir los sonidos que está haciendo el portátil.*

• *Softwares utilizados: Paint Tool SAI y Adobe Photoshop.*

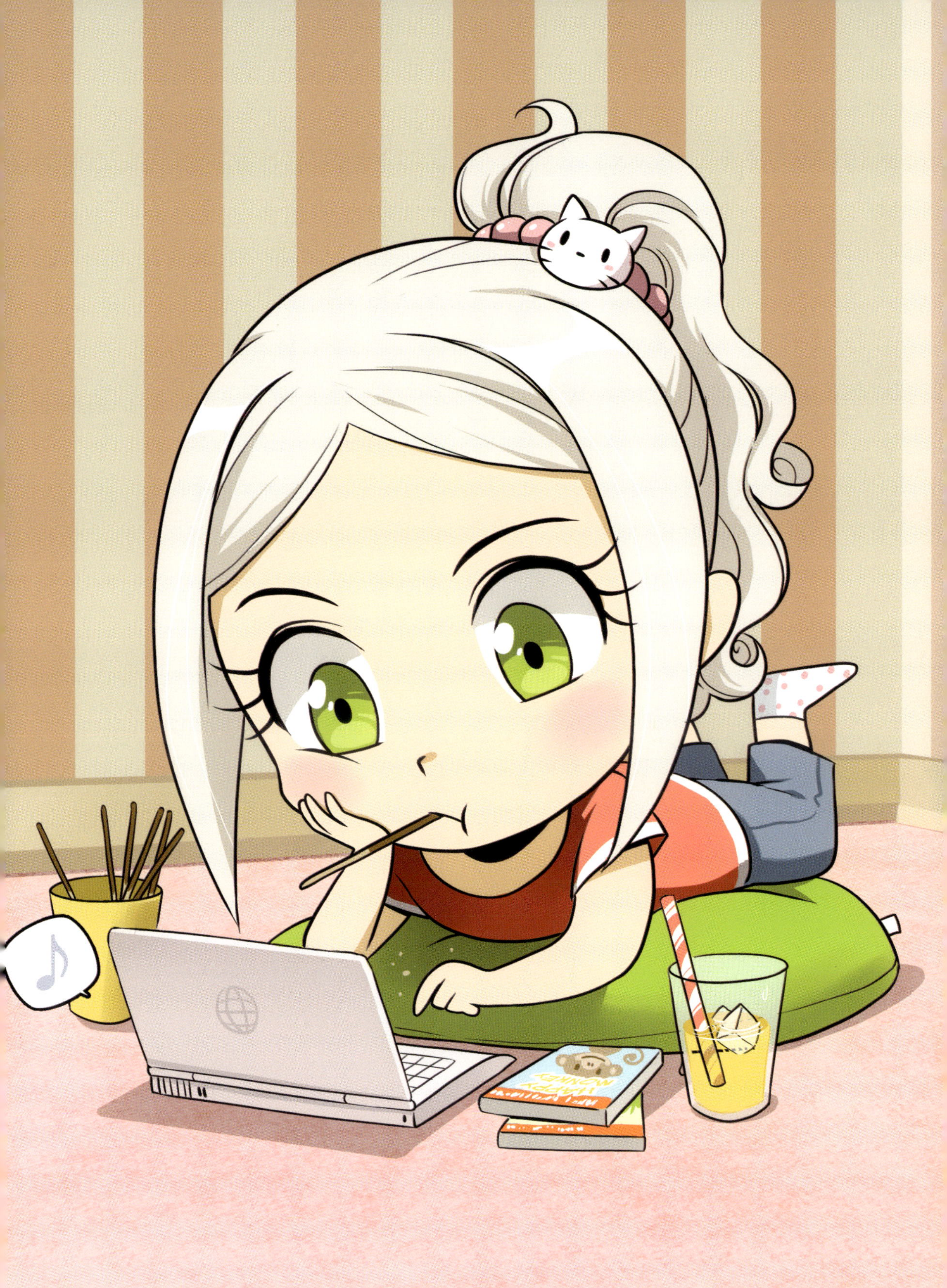

GAMER CHIBI

• This gamer girl is just like any other gamer. She likes playing all sorts of games and spends most of her time locked in her room. She doesn't need anything else besides her game player and plenty of free time.

• *Esta chica "gamer" es igual que cualquier otro jugador. A ella le gusta jugar a todo tipo de juegos y pasa la mayor parte de su tiempo encerrada en su habitación. Ella no necesita nada más aparte de su consola y un montón de tiempo libre.*

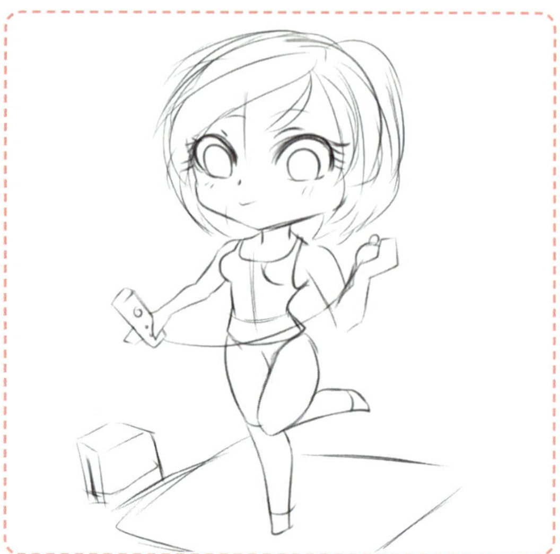

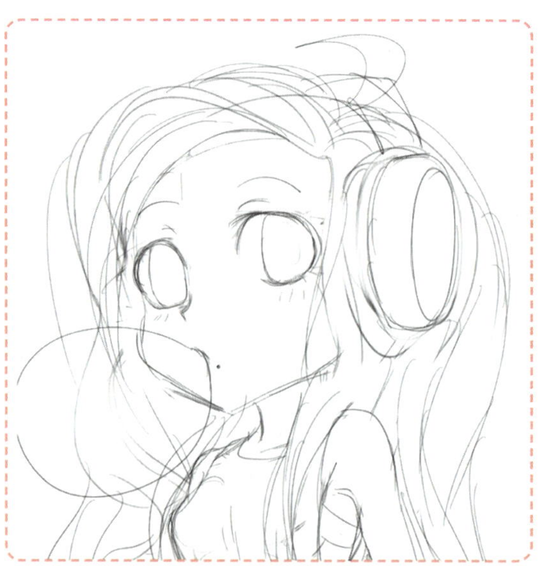

1. SKETCH • BOCETO

• Make a quick, but clear, sketch of how you want your chibi to look and where she should be—in this case, sitting in her room and playing a video game.

• *Creamos diferentes bocetos de cómo queremos que sea nuestro chibi, en este caso lo colocamos sentado en su habitación jugando a un videojuego.*

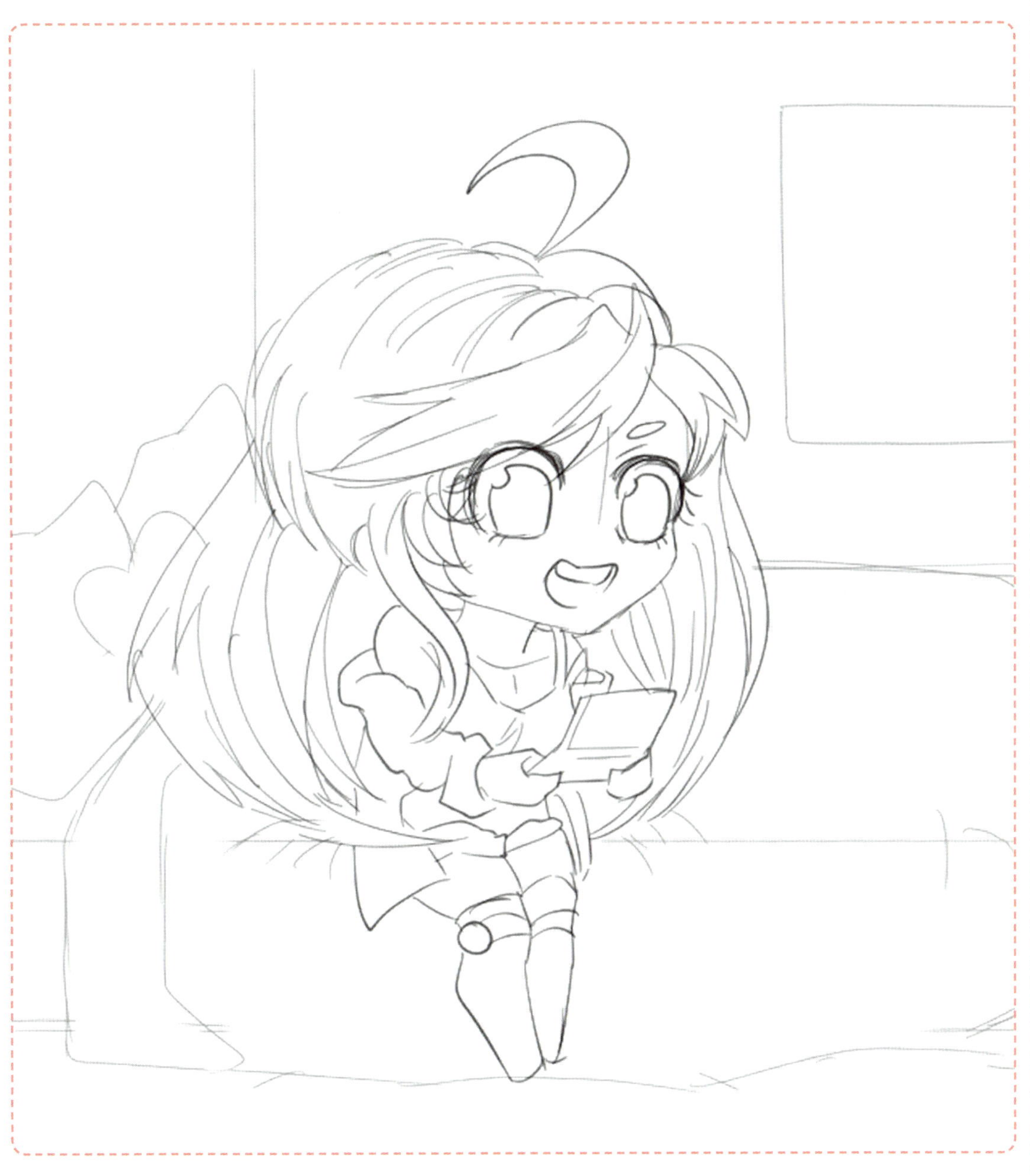

Artist: LillinApoc

Web: www.lillinapoc.com

2. STRUCTURE • ESTRUCTURA

• Map out the pose of your character using lines and circles as reference points.

• *Trazamos la pose del personaje usando líneas y círculos como puntos de referencia.*

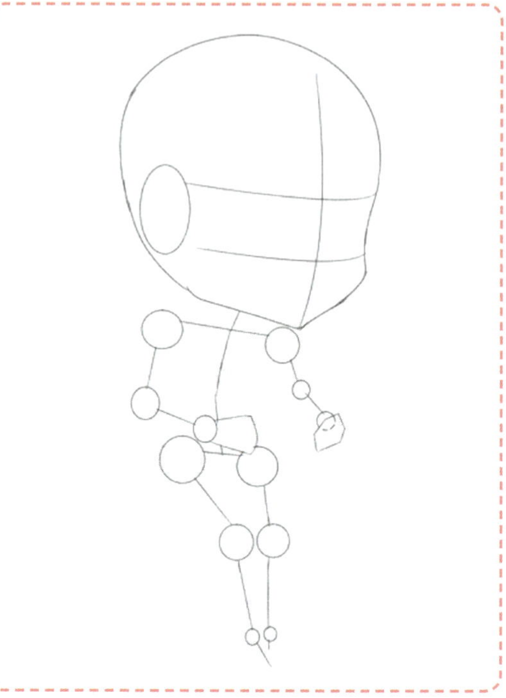

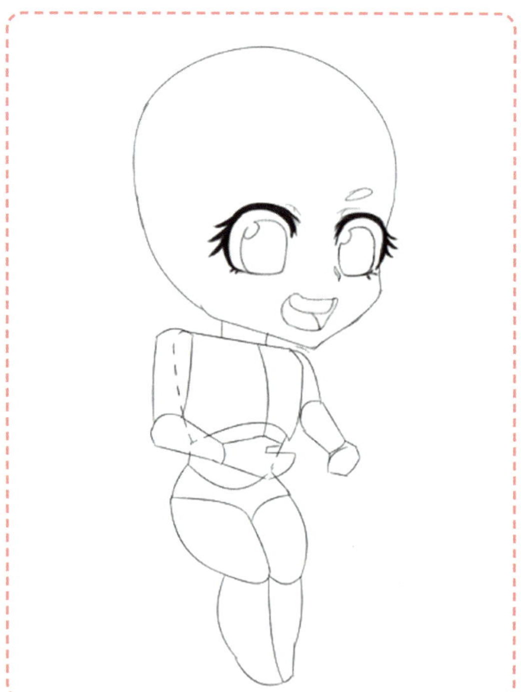

3. VOLUME • VOLUMEN

• Once you've drawn her body, clean up the lines and add very large eyes and a mouth.

• *Una vez que dibujamos su cuerpo, limpiamos las líneas y añadimos grandes ojos con pestañas, su boca, y su nariz en el rostro.*

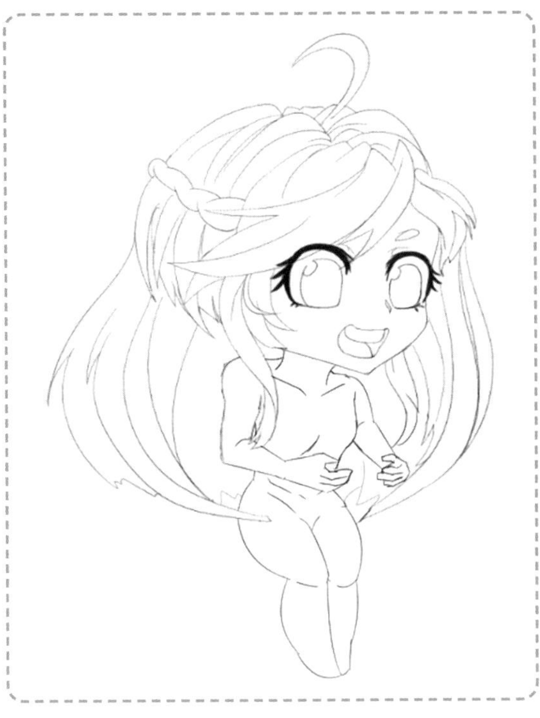

4. ANATOMY • ANATOMÍA

• Add lush hair to the character and refine her body to make sure your proportions are correct.

• *Su cabello es largo y alocado, vemos que el cuerpo es mas pequeño a proporción de su cabeza.*

5. DETAILS • DETALLES

• Now it's time to give her clothes and other details such as her video game. The basic drawing of your chibi is now complete.

• *Ahora es el momento de dibujar su ropa y otros detalles, como su consola.*

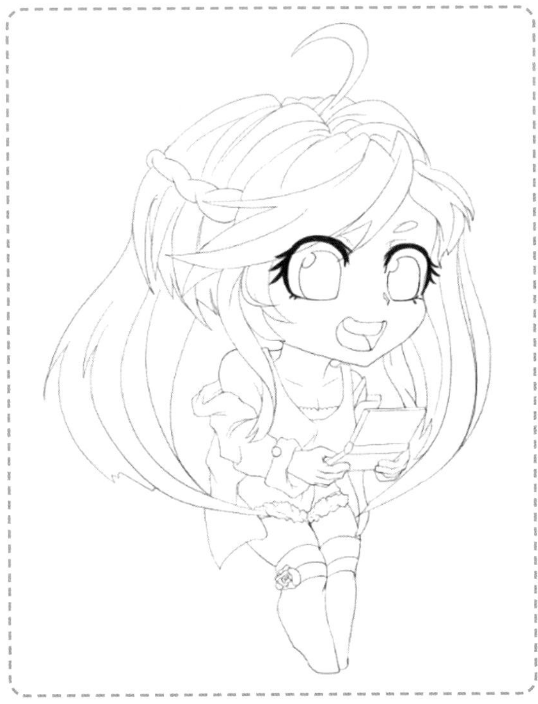

6.1. COLOR

• Use a bunch of bright colors to fill in your chibi. To make her more fun, give her a cool hair color. .

• *Usamos un montón de colores brillantes para completar el chibi. Para hacerla más divertida, su pelo es rosado para dar más frescura.*

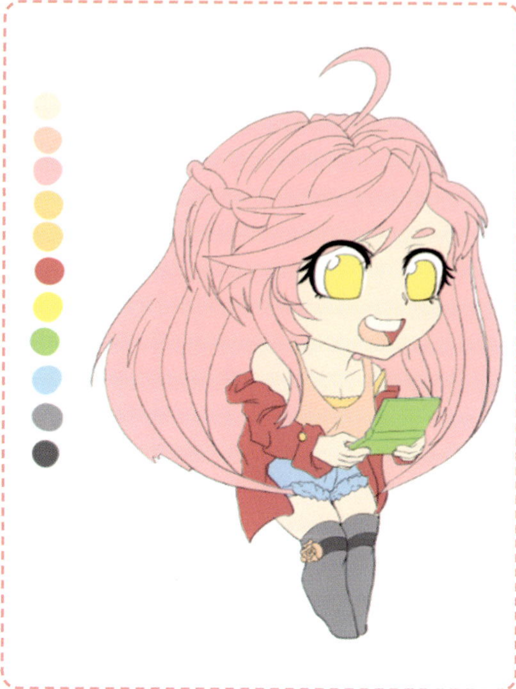

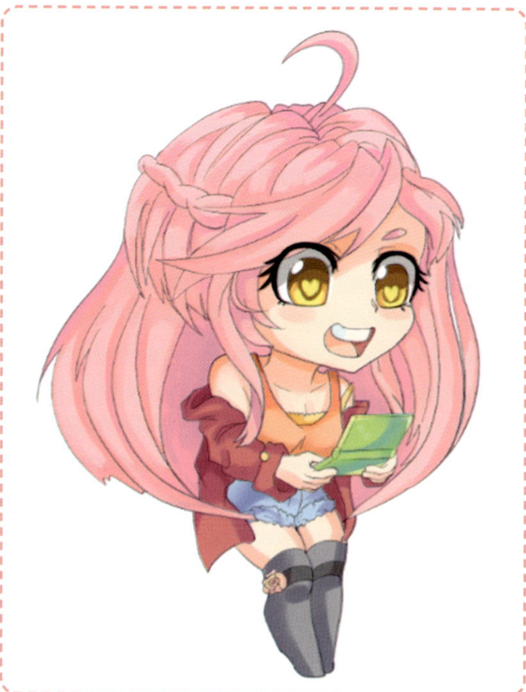

6.2. COLOR

• Now add basic shading to her hair, face, and clothes. Note the heart shape in each eye. This shows how much she loves her game.

• *Agregamos el sombreado básico para su pelo, cara y ropa. Tenemos en cuenta la forma del corazón en cada ojo. Esto demuestra lo mucho que ama a sus videojuegos.*

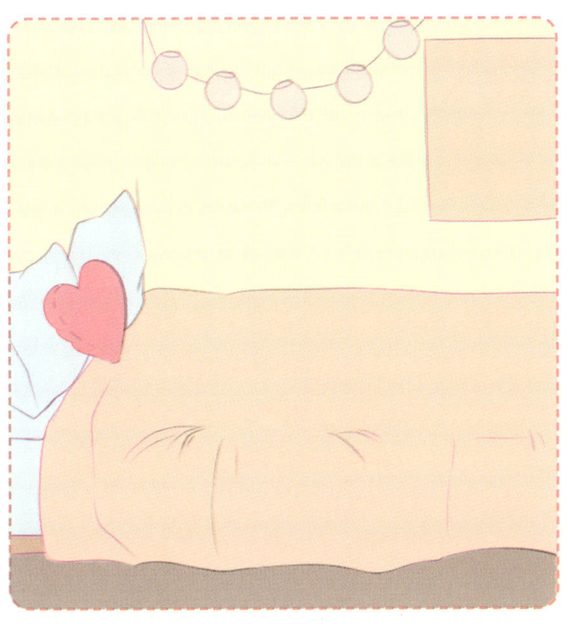

7.1. BACKGROUND • FONDO

• In a new layer, create the character's bedroom, which will serve as the background.

• *En una nueva capa, creamos el dormitorio y los diferentes detalles. Coloreamos con tonos suaves y dulces.*

7.2. BACKGROUND • FONDO

• After you've colored the room, apply shading to give it more depth.

• *Aplicamos sombras para dar profundidad y perspectiva a la habitación.*

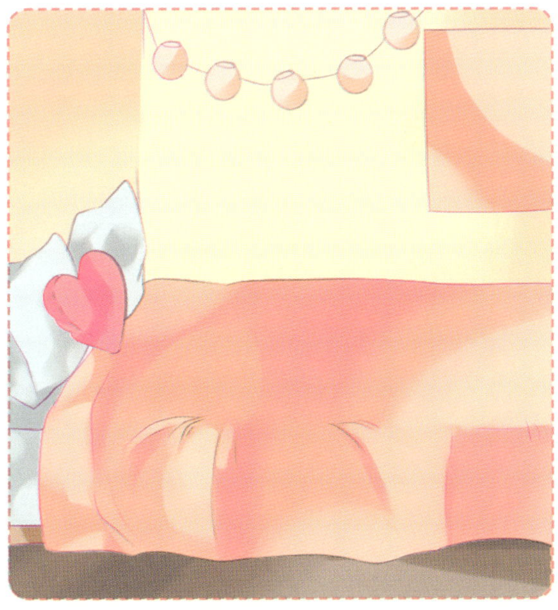

8. FINISHING TOUCHES
ACABADOS FINALES

• After you've merged the character layer on top of the background layer, add some color filters and lighting effects.

Create several layers and do as many samples as you want until you get the right one.

• Después de fusionar las capas añadimos filtros de color y efectos de iluminación.

Crearemos varias capas para hacer tantas muestras como necesitemos antes de obtener el efecto deseado.

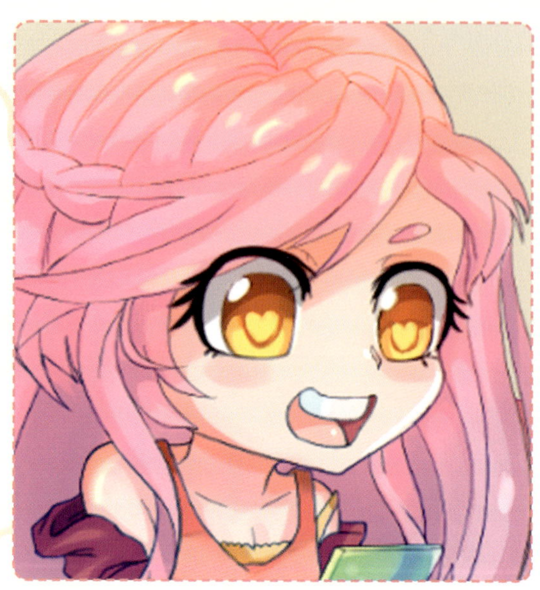

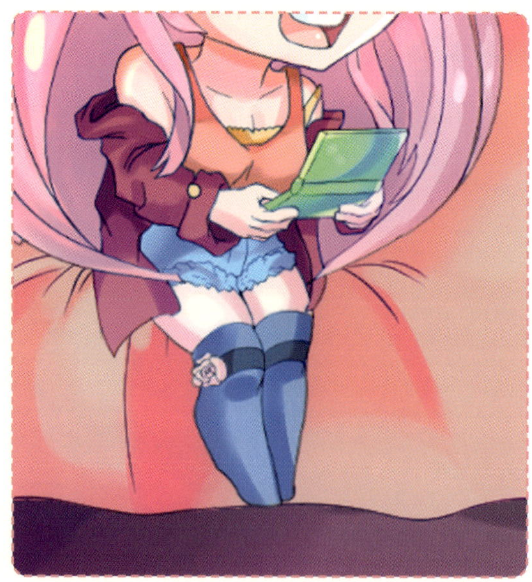

TIPS & TRICKS
TRUCOS Y CONSEJOS

• By using an "overlay" layer with different colors, you can experiment with making different objects in the image stand out.

• Software used: Manga Studio 5.

• *Mediante el uso de una capa de "superposición" podemos experimentar con la aplicación de diferentes objetos en la imagen.*

• *Softwares utilizados: Manga Studio 5.*

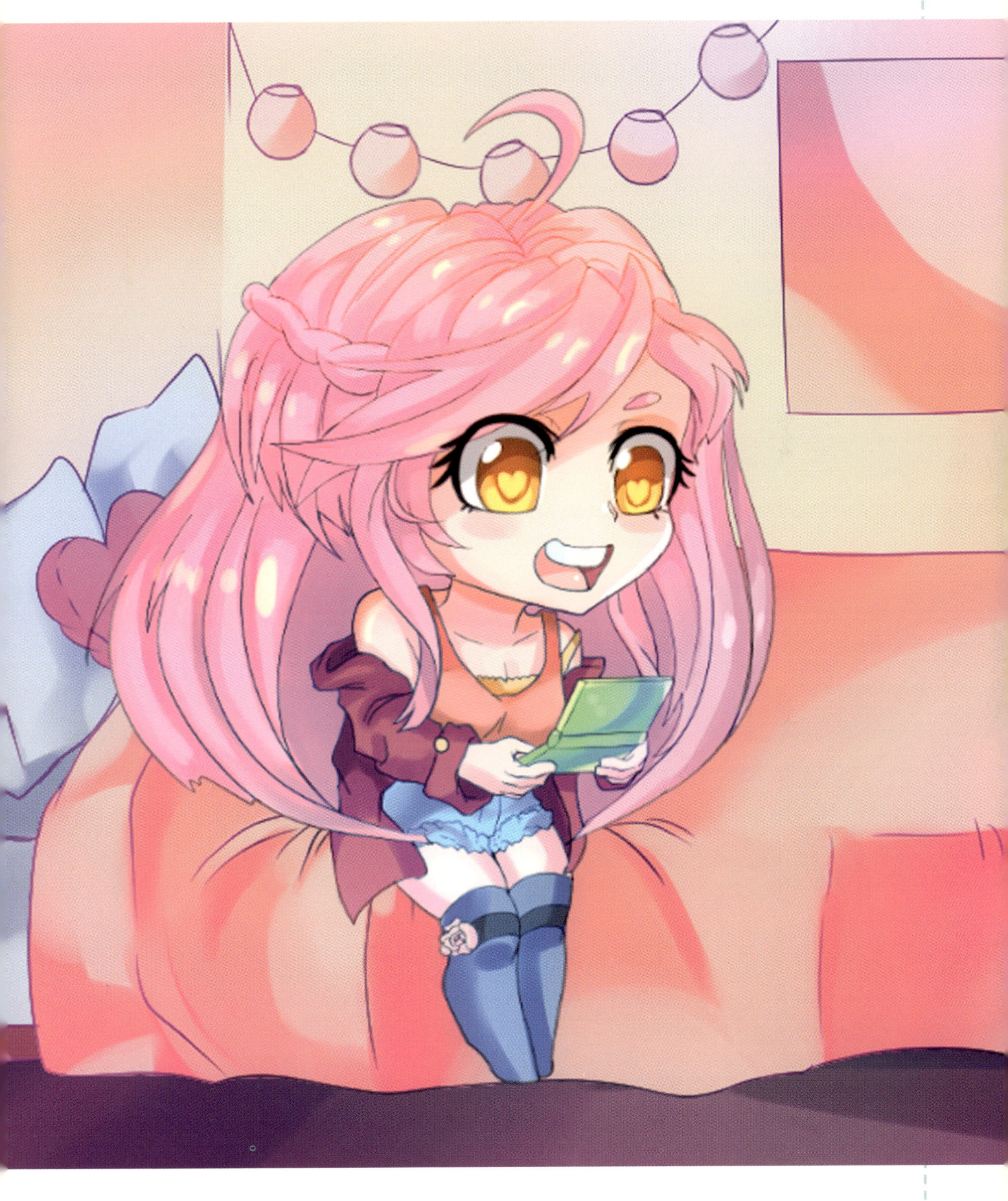

SPOOKY NIGHT

• The little boy is being haunted by a ghost who has fallen in love with him. He has tried to escape countless times, but the ghost girl loves him too much.

• *Un joven chico está siendo perseguido por una fantasma que se ha enamorado de él.*
Él ha tratado de escapar innumerables veces, pero ella lo ama demasiado.

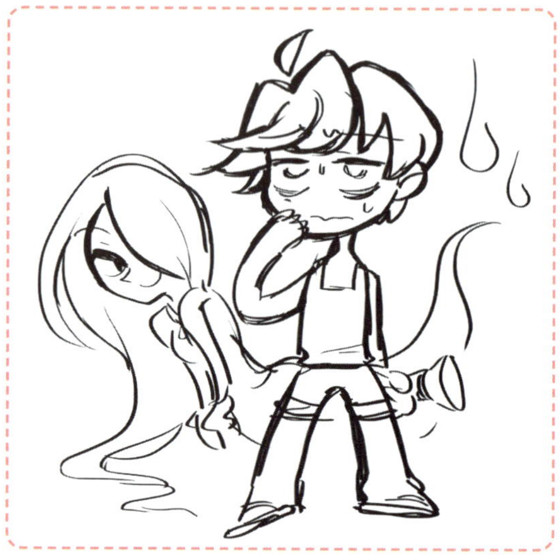

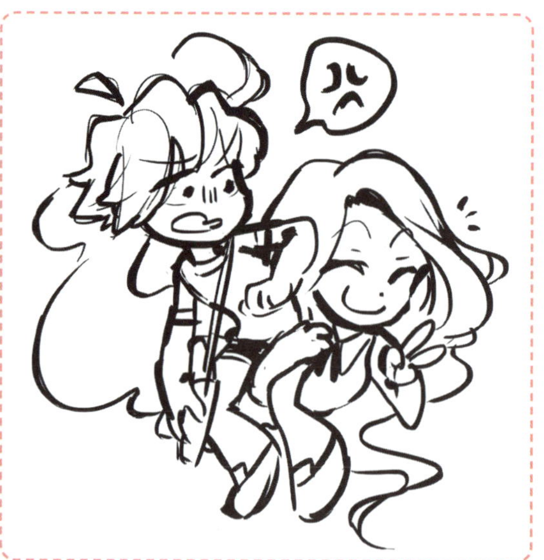

1. SKETCH • BOCETO

• After sketching a few different options, the one on the right is chosen because of how funny it is.

• *Después de esbozar diferentes opciones, elegimos la de la derecha por lo divertida que es.*

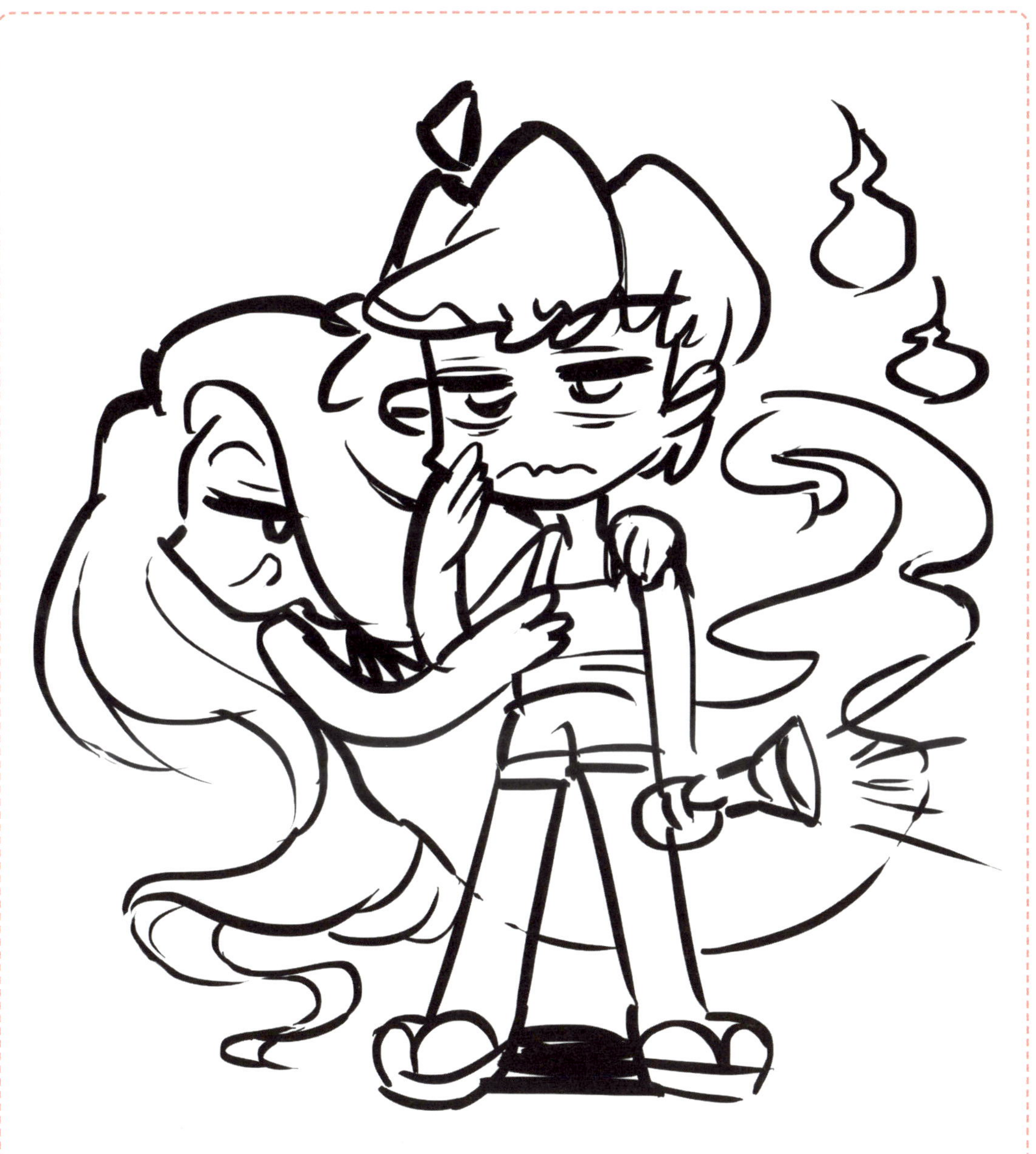

Artist: Momo Chan

Web: www.facebook.com/MomoArtClub

2. STRUCTURE • ESTRUCTURA

- Outline the two figures. The boy is placed in the center of the drawing with the ghost appearing behind him.

- *Creamos el esquema de las dos figuras. El chico se coloca en el centro del dibujo con el fantasma que aparece detrás de él.*

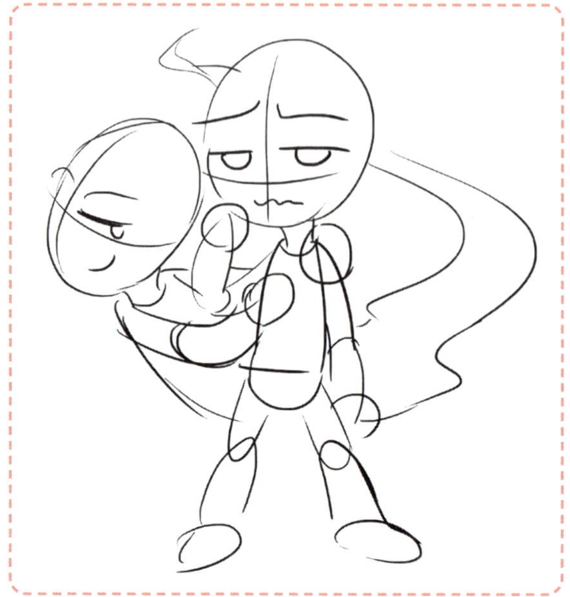

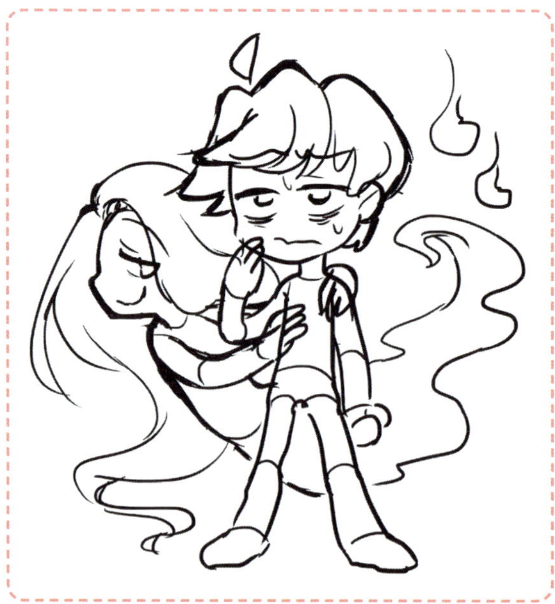

3. VOLUME • VOLUMEN

- Add hair and other physical traits.
- *Añadimos el cabello y otros rasgos físicos.*

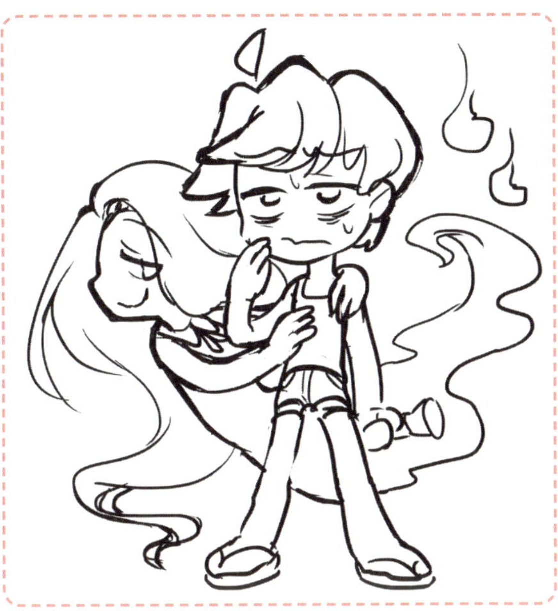

4. ANATOMY • ANATOMÍA

• Create the clothes for our characters. Shorts and T-shirt for him, and a dress that mixes with the smoke of the body for the ghost girl.

• *Creamos la ropa para nuestros personajes. Pantalones cortos y camiseta para él, y un vestido que se mezcla con el humo del cuerpo para la chica fantasma.*

5. DETAILS • DETALLES

• Fill inside the characters using a black base color. This will help when adding shadows to create depth later.

• *Rellenamos el interior de los personajes utilizando una base de color negro, esto ayudará más adelante para añadir las sombras, creando profundidad.*

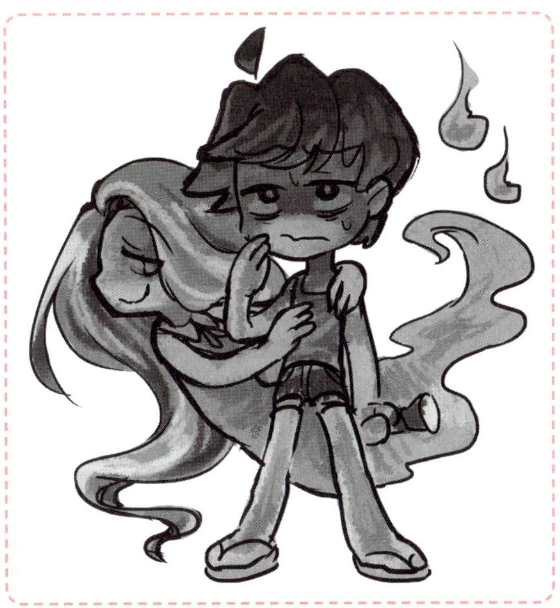

6.1. COLOR

• Make the background black and then use light shades of color to color in the boy and the girl.

• *Coloreamos el fondo negro y luego usamos tonos claros para en el chico y la chica.*

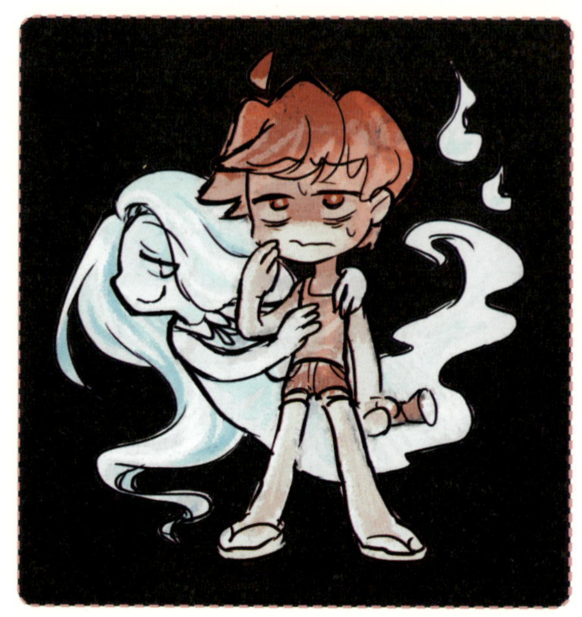

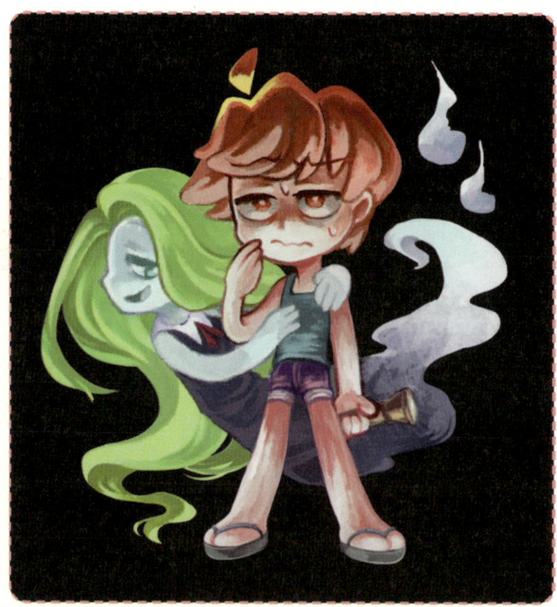

6.2. COLOR

• To make the ghost girl appear more translucent and eerie, a greenish color is used for her hair and a light blue for her skin. Add highlights and shadows to the characters, and color in the clothing.

• *Para hacer que la chica fantasma parezca transparente y misteriosa, usamos un color verdoso para el pelo y un azul claro para su piel. Añadimos luces y sombras a los personajes. Añadimos los colores en la ropa de nuestro chico.*

7.1. BACKGROUND • FONDO

• In the background layer, use violet tones to create the night sky.

• *En la capa de fondo, utilizamos tonos violetas creando un cielo nocturno.*

7.2. BACKGROUND • FONDO

• Place the characters in the center of the scene, using a pink range to finish defining all colors.

• *Colocamos a los personajes en el centro de la escena, utilizamos una gama de color rosa para terminar de definir todos los colores.*

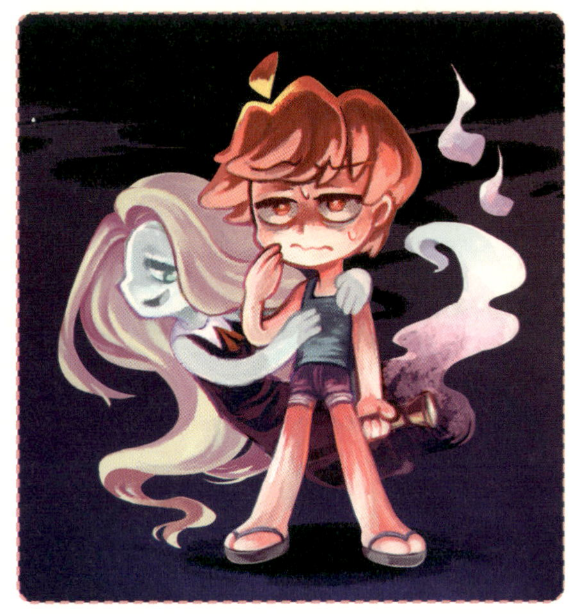

8. FINISHING TOUCHES
ACABADOS FINALES

• Once the background is finished, adjust the layers to create depth by using three colors: red, green, and blue at different intensities.

• *Una vez que el fondo está terminado, ajustamos las capas para crear profundidad mediante el uso de tres colores, rojo, verde, y azul, en diferentes intensidades.*

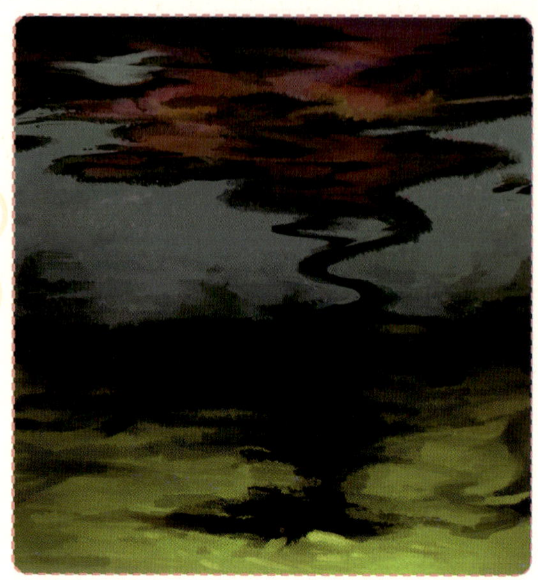

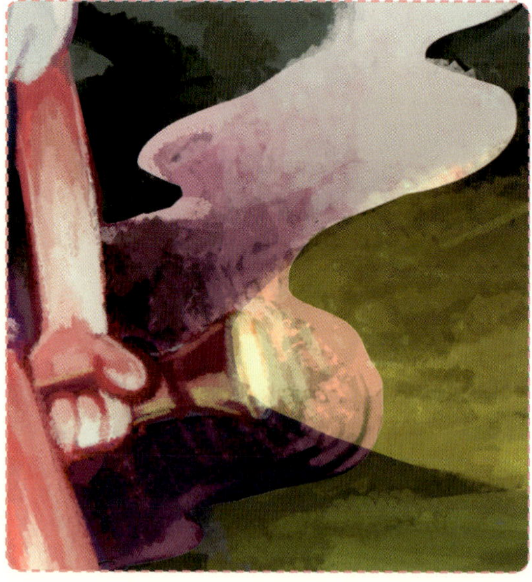

TIPS & TRICKS
TRUCOS Y CONSEJOS

• It is essential to work with separate layers. This will help when adjusting the colors and shadows.

• Emphasize the light of the flashlight in the boy's hand.

• Software used: Adobe Illustrator & Photoshop.

• *Es esencial trabajar con diferentes capas. Esto nos ayudará a ajustar los colores y las sombras.*

• *Hacer hincapié en la luz de la linterna en la mano del chico.*

• *Softwares utilizados: Adobe Illustrator y Adobe Photoshop.*

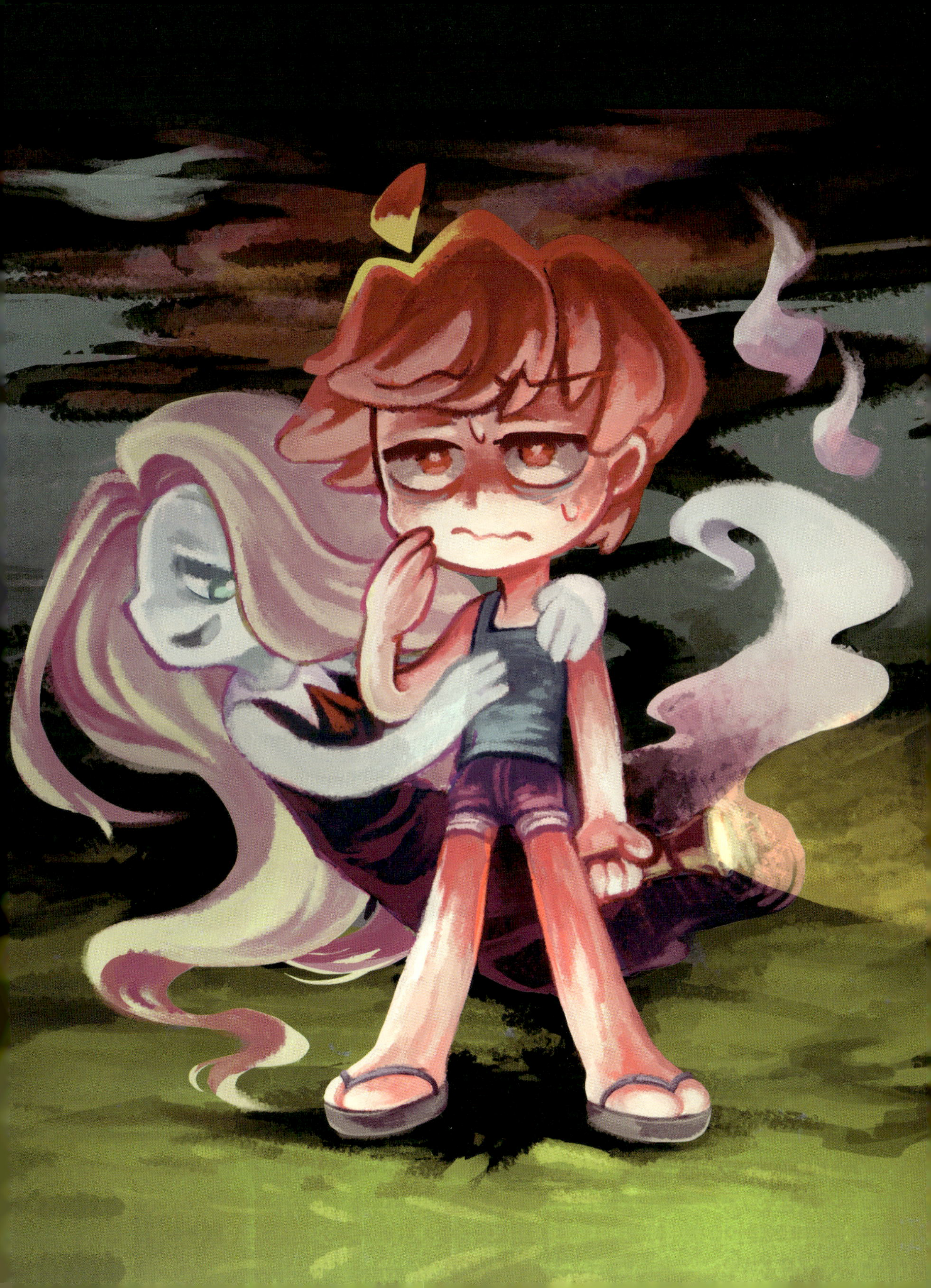

SIREN

• Siren is a sweet little mermaid who lives in the tropical sea. She is helpful, carefree, and friendly, and is loved by other sea creatures. She loves to make new friends, and is always ready to help anyone who is in trouble. You can count on her for anything.

• *Siren es una dulce y pequeña sirena que vive en el mar tropical. Ella es feliz, sin preocupaciones, amable, y es amada por otras criaturas marinas. Le encanta hacer nuevos amigos, y siempre está dispuesta a ayudar a cualquier persona que esté en problemas. Podemos contar con ella para todo.*

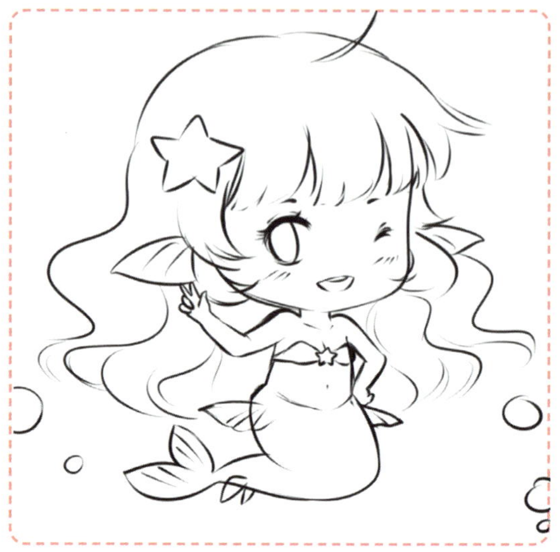

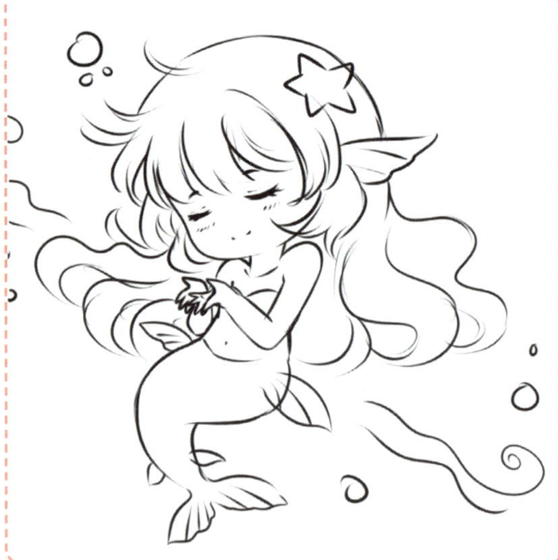

1. SKETCH • BOCETO

• A mermaid is a mythical creature that is half beautiful girl and half fish. They are usually portrayed as being very joyful. Explore various poses before picking one you like best.

• *Una sirena es una criatura mítica que es mitad niña y mitad pez. Por lo general son retratadas como muy alegres. Exploramos varias poses antes de proceder a la que más nos gusta.*

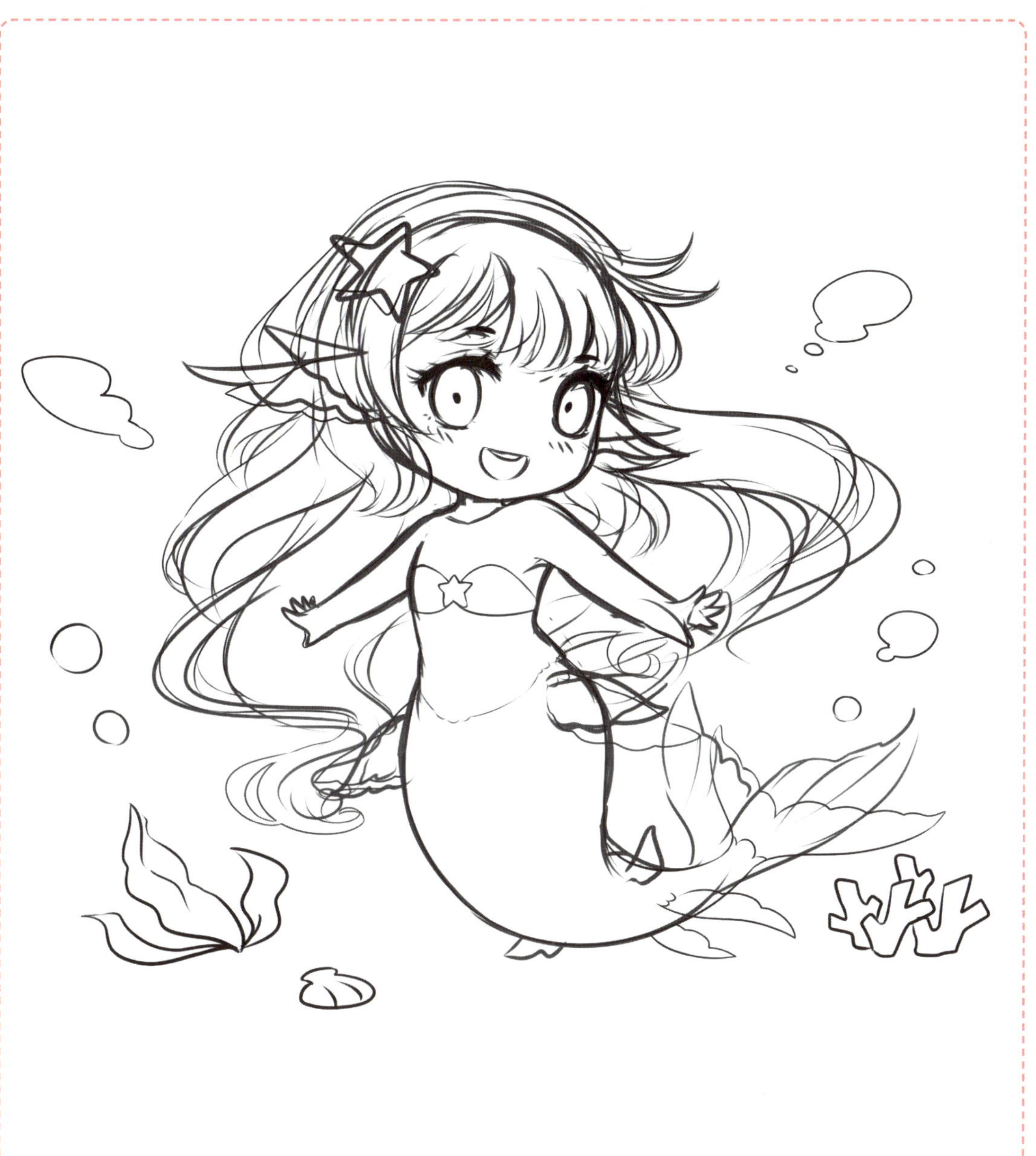

Artist: Dat Le

Web: www.deviantart.com/wingsie

2. STRUCTURE • ESTRUCTURA

• You want to make the impression that she is happily swimming in the ocean, so you need to create a dynamic pose.

• *Creamos una pose dinámica para ella, ya que está felizmente nadando por el océano.*

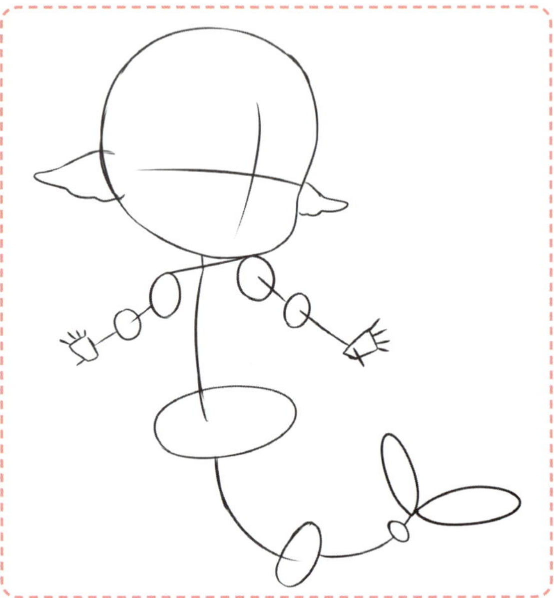

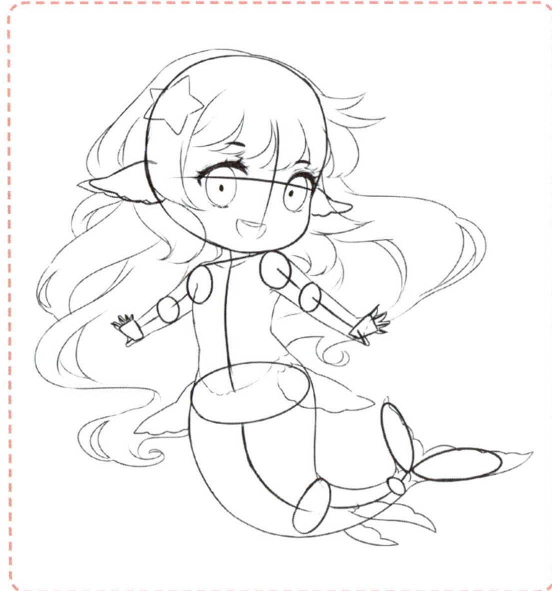

3. VOLUME • VOLUMEN

• Long, flowing hair and a small body make a cute chibi. Add big eyes, and note that although this is not the "detail step," add a sea star to her hair.

• *Su pelo es largo y con efecto vaporoso. Añadimos ojos grandes, y aunque este no es el "paso detalle", añadimos una estrella de mar en su pelo.*

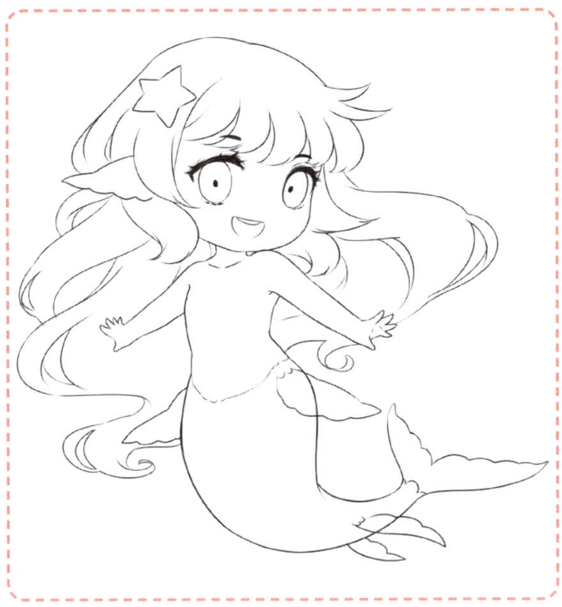

4. ANATOMY • ANATOMÍA

• Now refine her body line. Give her a joyful expression.

• *Perfeccionamos las líneas del cuerpo, dando movimiento y una expresión alegre.*

5. DETAILS • DETALLES

• Add all her distinctive features, such as her mermaid tail and fins, her cute top with a star, and some underwater objects like seaweed, bubbles, and coral.

• *Añadimos todos sus rasgos distintivos, como la cola de sirena y aletas, colocamos un lindo top con broche en forma de estrella, y algunos objetos bajo el agua como algas, burbujas, y coral.*

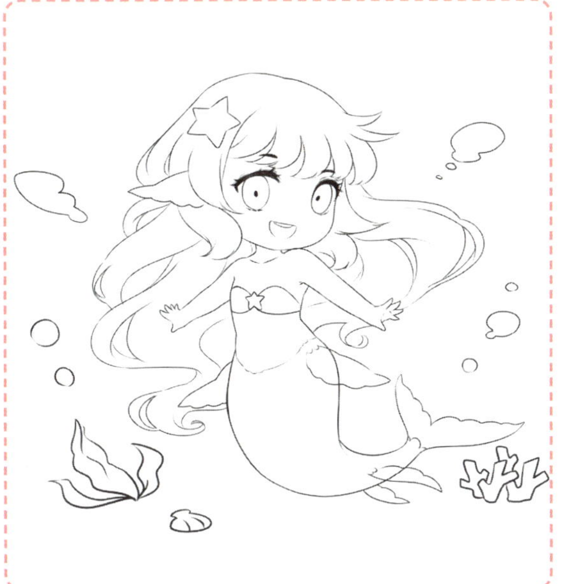

6.1. COLOR

• Start by using base colors for her skin, hair, tail and other details. Each new base color should be put on a different layer.

• *Comenzamos usando colores base para su piel, pelo, cola y otros detalles. Cada color base debe ser puesto en una capa diferente.*

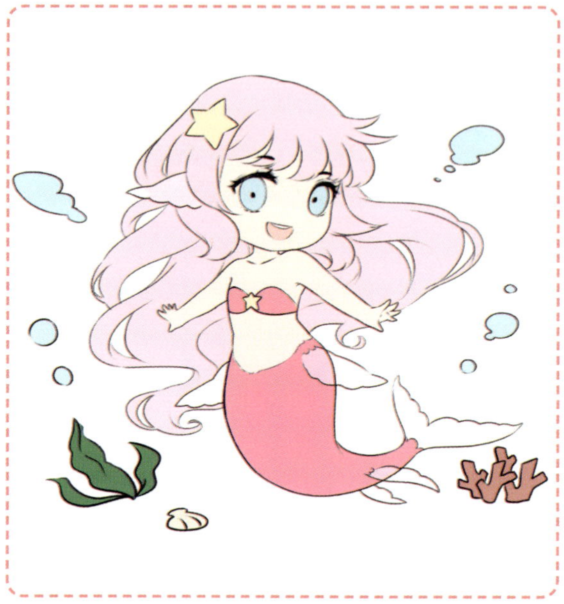

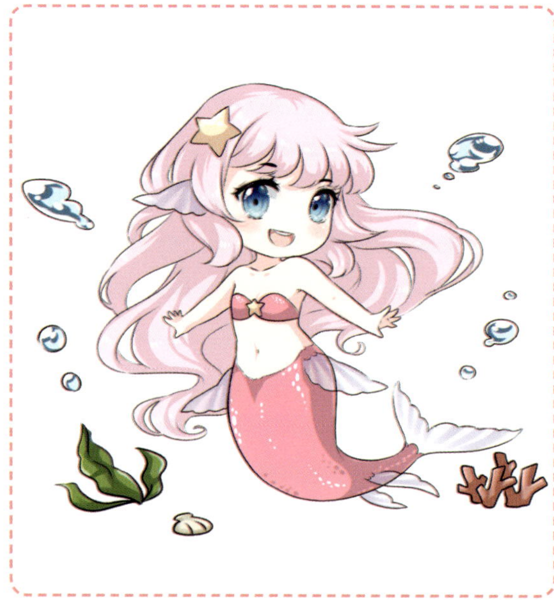

6.2. COLOR

• Decide your light source. Use darker colors to add shadows. Reduce the opacity of the fin layer to get the transparency, and then touch up with some highlights to create a shiny effect on her hair and tail, as well as on her eyes to show the direction of her gaze.

• *Decidimos por donde entra la fuente de luz. Utilizamos colores más oscuros para añadir sombras. Reducimos la opacidad de la aleta para conseguir la transparencia, aplicamos toques de luz para crear un efecto de brillo en el pelo y en la cola, así como sobre sus ojos para mostrar la dirección de su mirada.*

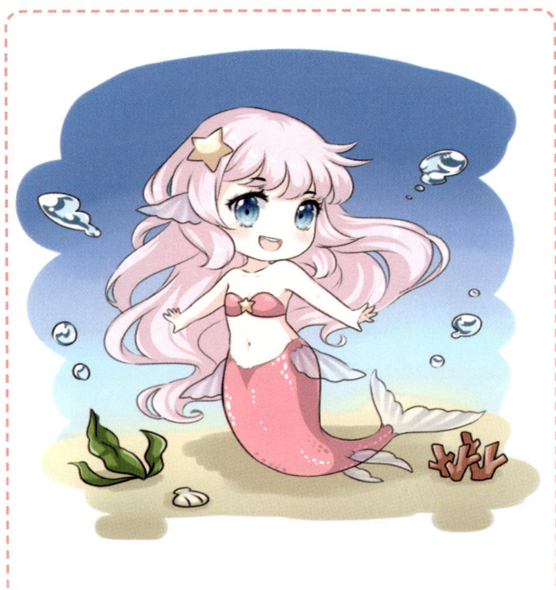

7.1. BACKGROUND • FONDO

• To get the ocean floor, first you need a dark-grayish yellow for the sand. Use a darker and lighter blue to for the water and then make a gradient from the darker blue to the lighter blue to create depth. Also, smudge/blur the edge of the sand floor to get a more harmonious feeling.

• *Creamos el fondo del océano, primero se necesita un color amarillo-grisáceo, y un color oscuro para la arena. Utilizamos un tono de azul más oscuro y ligero para el agua, degradando el tono des más oscuro a más claro. Creamos un efecto desenfocado para el borde de la de arena así conseguimos una sensación más armoniosa.*

7.2. BACKGROUND • FONDO

• Add some dark fish-shaped dots to create a school of fish in the background, and then play with the opacity. Make some coral shapes and decrease the opacity to get some depth effect.

• *Agregamos sombras simulando un banco de peces en la parte posterior de la ilustración. Colocamos corales bajando la opacidad para conseguir diferentes perspectivas de profundidad.*

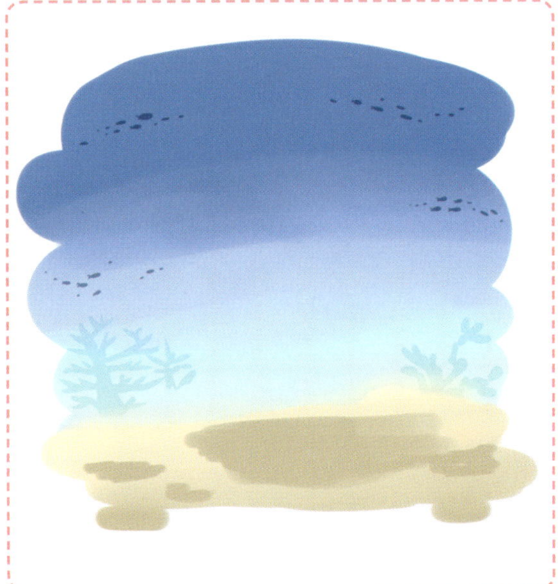

8. FINISHING TOUCHES
ACABADOS FINALES

• Use different shades of brown to create Siren's shadow on the sand. Keep in mind it should be a bit unfocused to give the feeling of being underwater.

• *Utilizamos diferentes tonos de marrón para crear la sombra de la sirena en la arena. Debemos desenfocar ligeramente el fondo para dar la sensación de estar bajo el agua.*

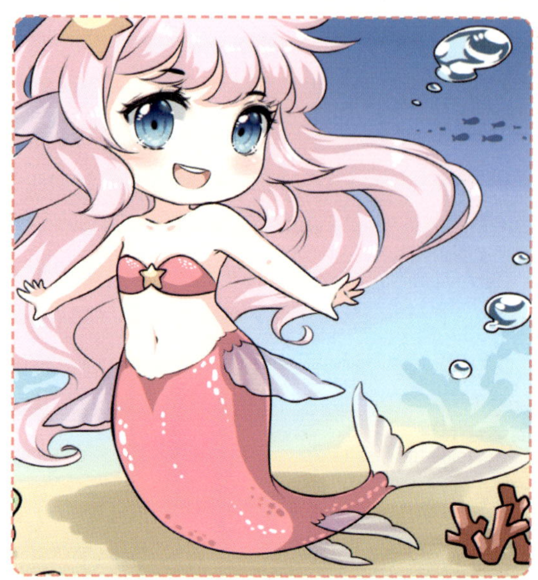

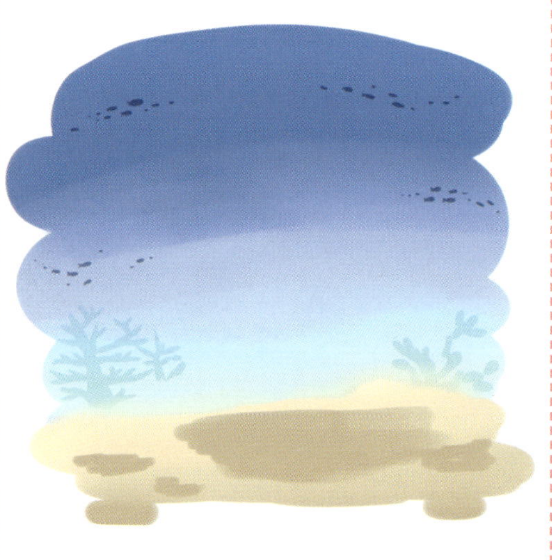

TIPS & TRICKS
TRUCOS Y CONSEJOS

• Always use pastel colors as a base and then add shade by using darker colors.

• The gradient helps to create depth.

• Adjust the opacity until you like it. This helps to create depth and transparency.

• Software used: Paint Tool SAI.

• *Utilizar siempre los colores pastel como base y luego añadir la sombra con colores más oscuros.*

• *El degradado ayuda a crear profundidad.*

• *Ajustamos la opacidad hasta conseguir el tono deseado. Esto ayuda a crear profundidad y transparencia.*

• *Softwares utilizados: Paint Tool SAI.*

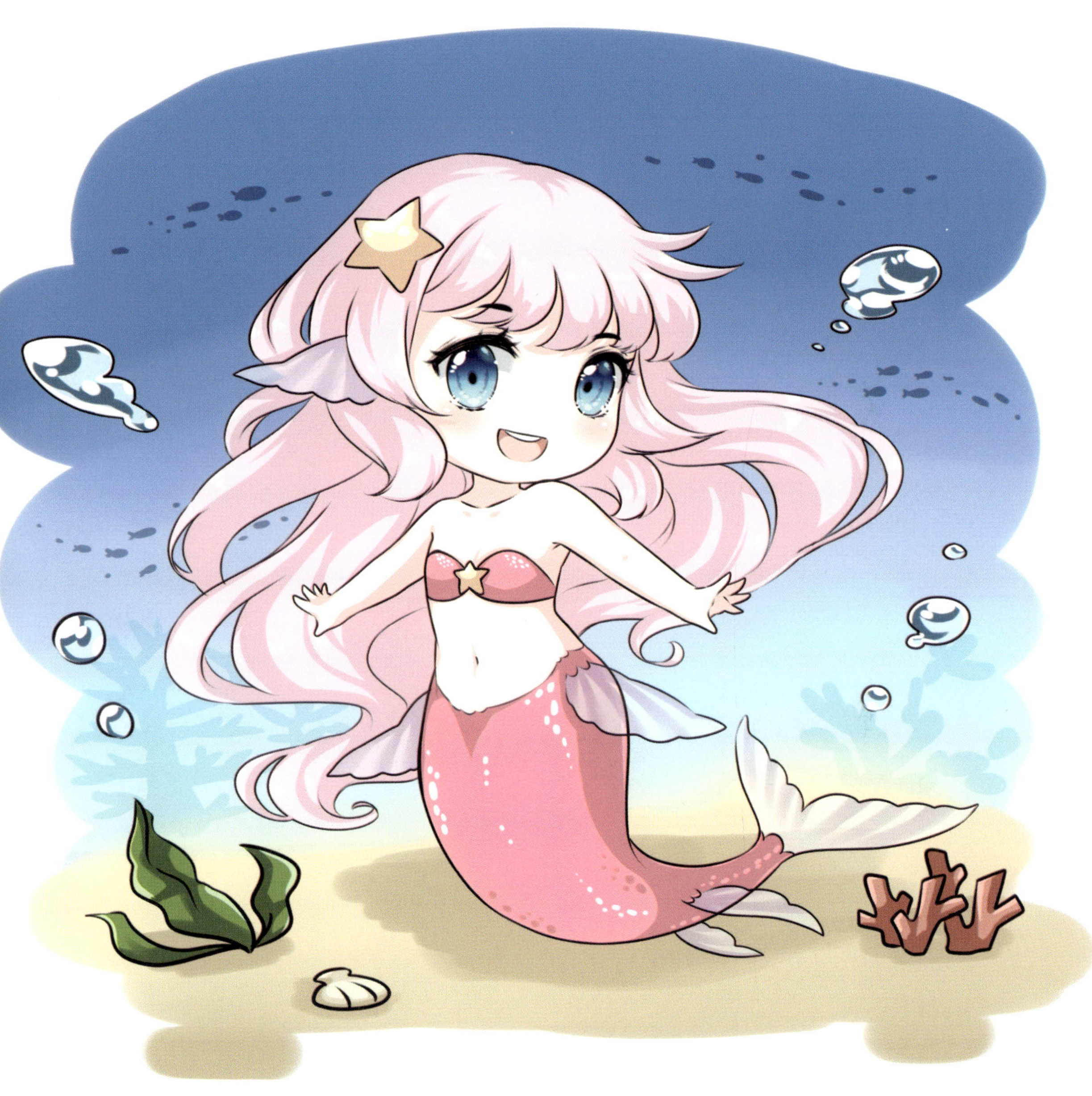

8TH DIVISION

• This group of friends is nicknamed "8th division". They work together to create chaos by performing antics and pranks.

Pokka, as the only girl in the division, often gets mad at the other guys due to the fact they don't want to act as she would like, which would be even naughtier.

• *Este grupo de amigos se apodan "8Th Division". Ellos trabajan juntos para crear el caos mediante travesuras y bromas.*

Pokka, como la única chica en la división, a menudo se enfada con los otros chicos, debido a que no quieren actuar como le gustaría.

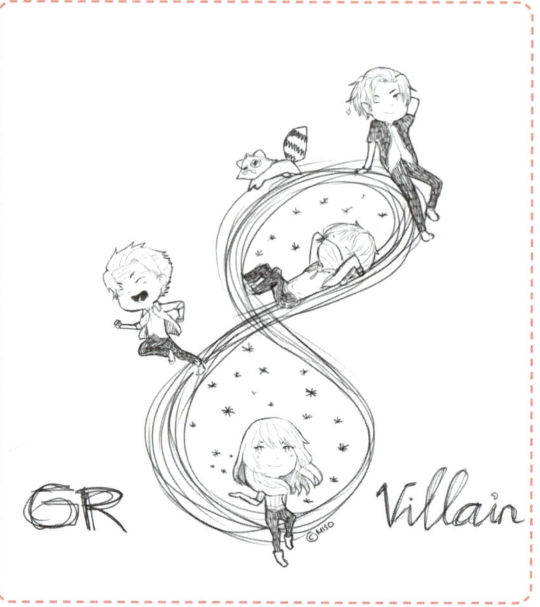

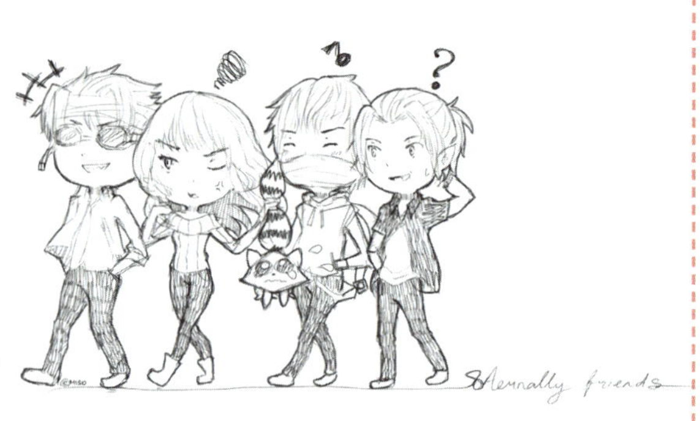

1. SKETCH • BOCETO

• Try to find a good atmosphere for the group that showcases each character.

• *Tratamos de encontrar un buen ambiente para el grupo de personajes.*

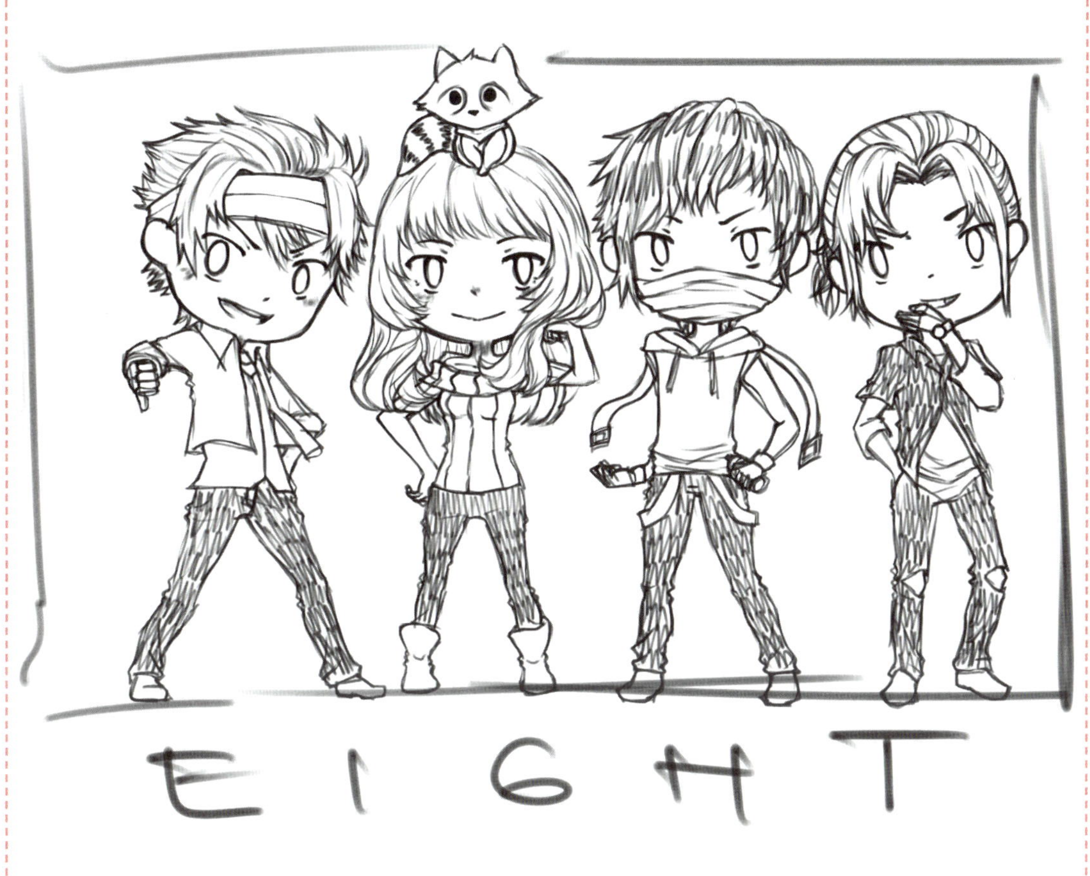

Artist: Legalette

Web: www.deviantart.com/legalette

2. STRUCTURE • ESTRUCTURA

• Sketch simple lines to draft each character's pose. Here, the joints are marked with circles.

• *Dibujamos líneas simples para crear la pose de cada personaje. Aquí, las articulaciones están marcadas con círculos.*

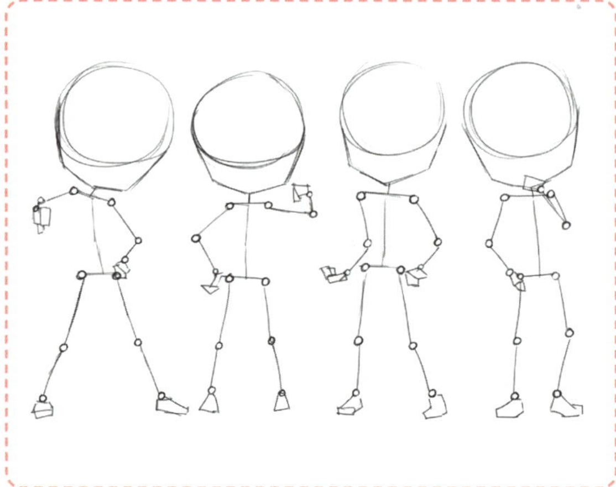

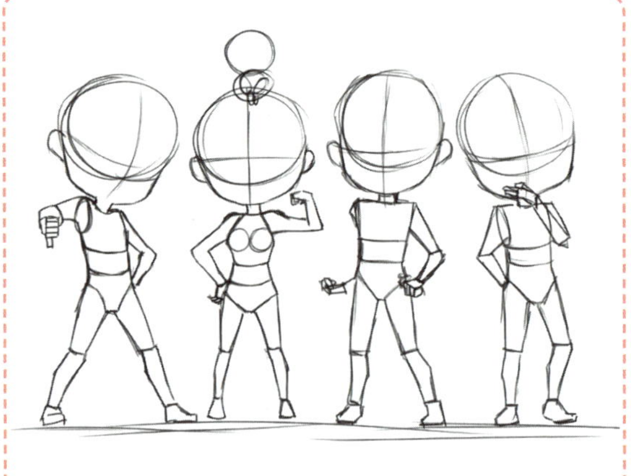

3. VOLUME • VOLUMEN

• Using the lines as a guide, give the characters volume. The head should be larger than the body.

• *Mediante diferentes líneas vamos dando volumen y carácter. Las cabezas deben ser mayor que los cuerpos.*

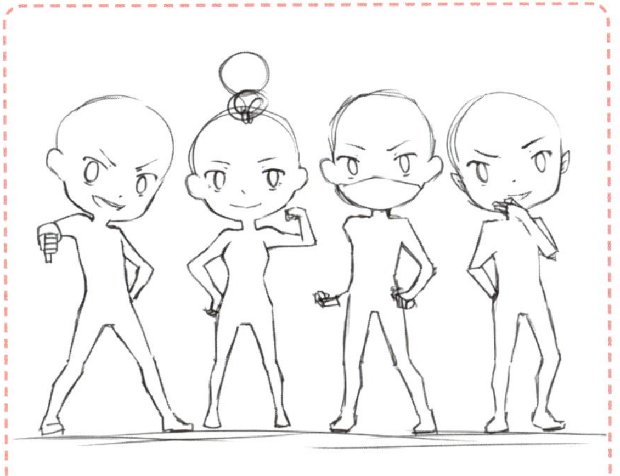

4. ANATOMY • ANATOMÍA

• Working with layers, remove the guidelines from the initial steps. Give the characters distinctive and various traits to differentiate them. Add the eyes and the eyebrows.

• *Trabajamos con diferentes capas, para poder ordenar de forma sencilla a nuestros chibis. Cada personaje tiene rasgos distintivos y diferentes para diferenciarlos. Añadimos los ojos y las cejas.*

5. DETAILS • DETALLES

• Spend time adding more details to separate each character from the rest and to give them unique personalities. Each has a different look and pose. Add the clothes and hair.

• *Creamos distintos detalles para cada chibi, esto ayudará a darles su propia personalidad. Cada uno tiene una mirada y una pose diferente. Añadimos la ropa y el pelo.*

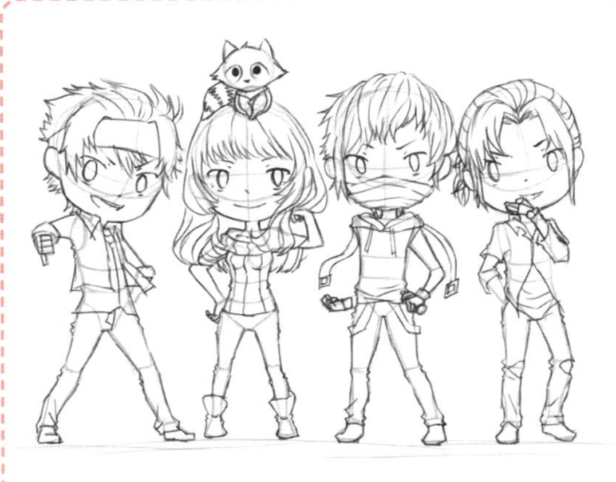

6.1. COLOR

• Color in the characters flesh. You should add variety by making some lighter or darker than the others.

• *Elejimos un tono color carne para comenzar el coloreado. Utilizamos diferentes tonos de color, esto nos ayuda a crear la sombra del pelo y de otros puntos del cuerpo.*

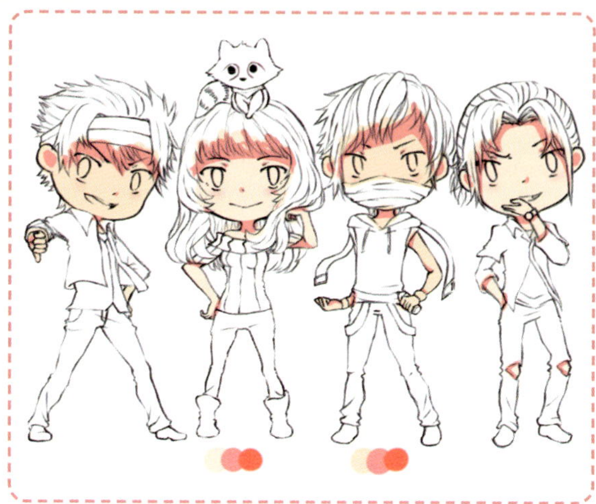

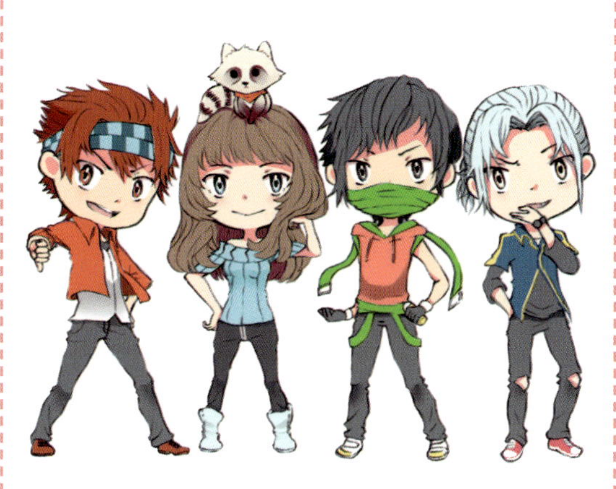

6.2. COLOR

• Once you've chosen your color palette for each character, color in their hair, clothes, and eyes. After determining the light source, add darker and lighter shades to represent shadows and reflections.

• *Escogemos diferentes colores para sus trajes, pelos y ojos. Tendremos que determinar la fuente de luz, y añadir sombras más oscuras y más claras para representar reflejos.*

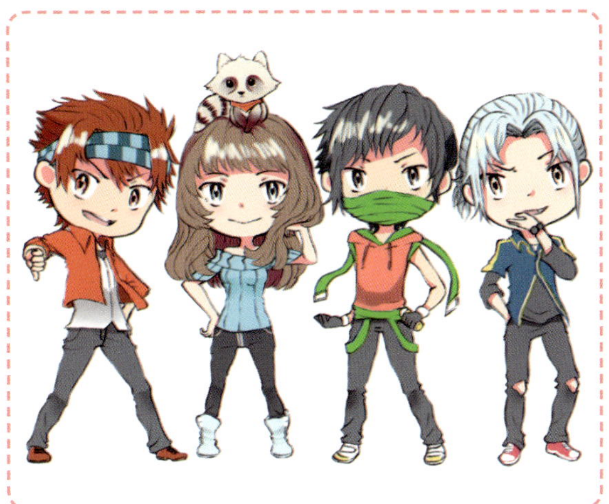

6.3. COLOR

• White is added to the characters eyes and hair to make them shine. Be aware of the direction of the light source.

• *Añadimos colores claros para crear los brillos en sus pelos y ojos. Hay que tener en cuenta la dirección de la luz.*

7. BACKGROUND • FONDO

• For the background, try to make it as simple as possible, this way the characters are the main focus of the image.

• Para el fondo, tratamos que sea lo más sencillo posible, de esta manera los personajes serán el foco principal de la imagen.

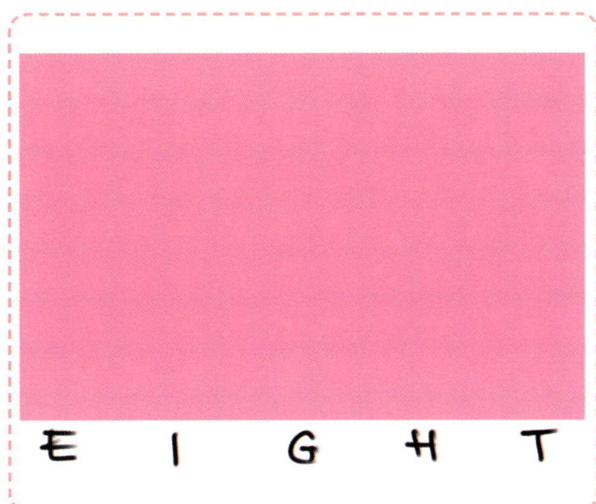

8. FINISHING TOUCHES ACABADOS FINALES

• After creating the background layer, place the characters over the top of it and outline them in a thin black line to really make them stand out.

• *Colocamos a los chibis en la parte superior, vamos a delinear con un color negro sus figuras para que destaquen sobre el fondo.*

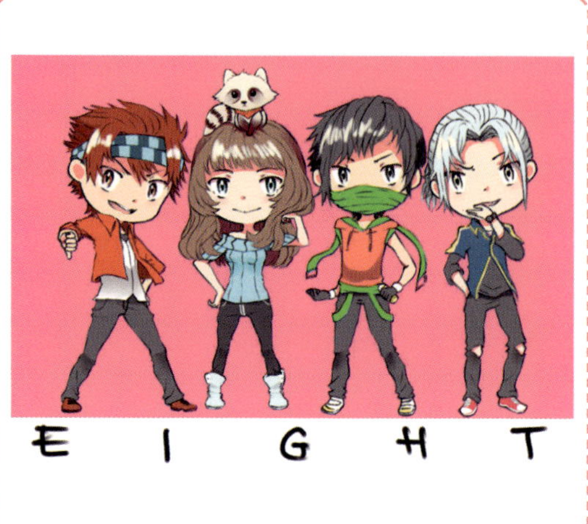

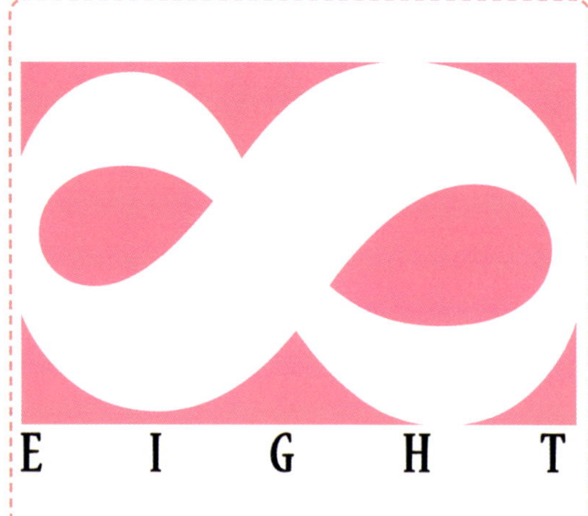

TIPS & TRICKS TRUCOS Y CONSEJOS

• Add a rotated number 8 behind the characters as a reference to their name, the 8th Division.

• Another reference is made to the group's name by typing the word "eight" below them. Choose a subtle font that is consistent to the style of the characters.

• Software used: Paint Tool SAI & Adobe Photoshop.

• *Añadir el número 8 detrás de los personajes como una referencia a su nombre, la octava división.*

• *Hacemos otra referencia a su grupo, en la parte inferior escribimos con una tipografía sutil el nombre del grupo.*

• *Softwares utilizados: Paint Tool SAI y Adobe Photoshop.*

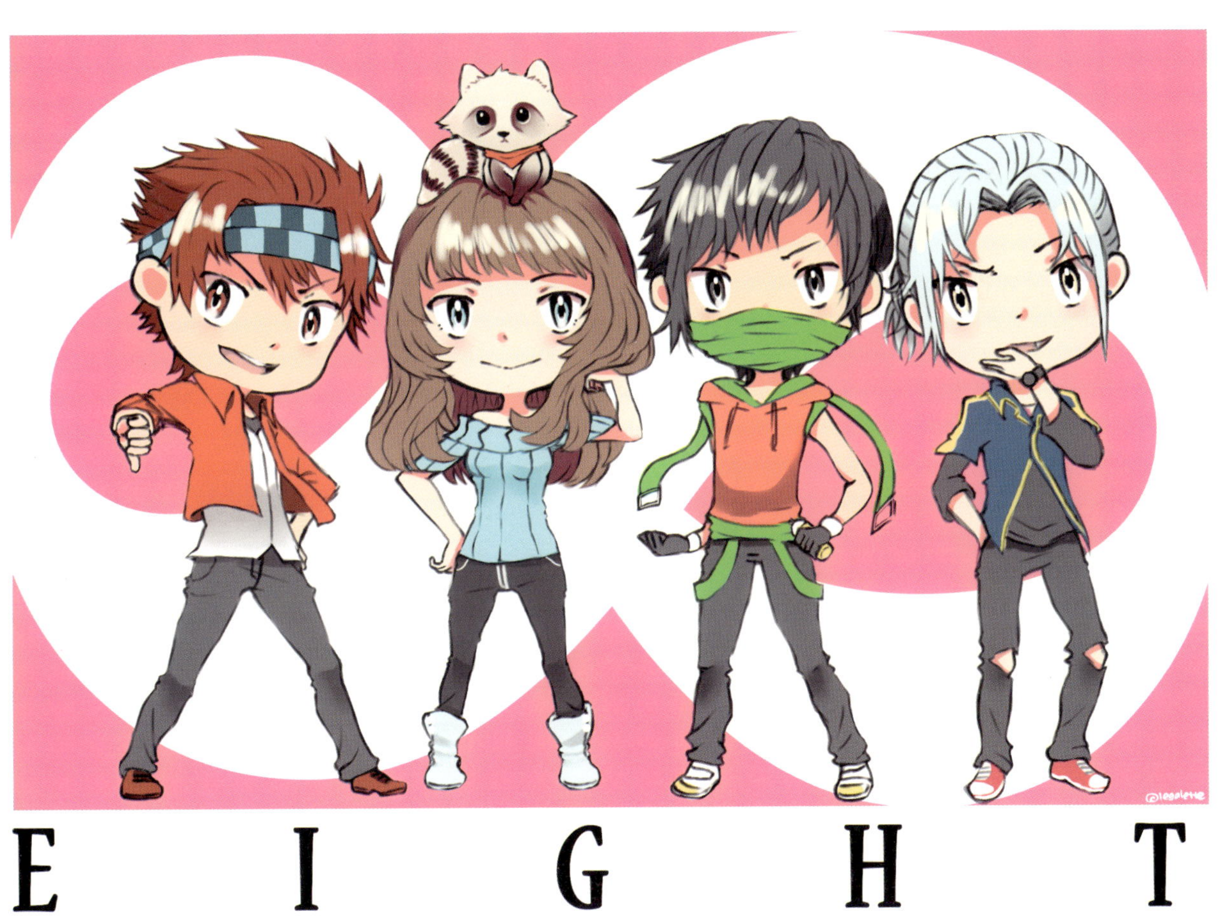
EIGHT

THE FAIRY OF BRINY TEARS

• This poor little fairy was bought in a bazaar by a boy during the Christmas sales. She lives in a bottle and, even though she can be naughty, the boy loves her anyway.

• *Esta pequeña hada es muy tímida. Siempre intenta esconderse y no dejarse ver, porque teme que le hagan daño.*

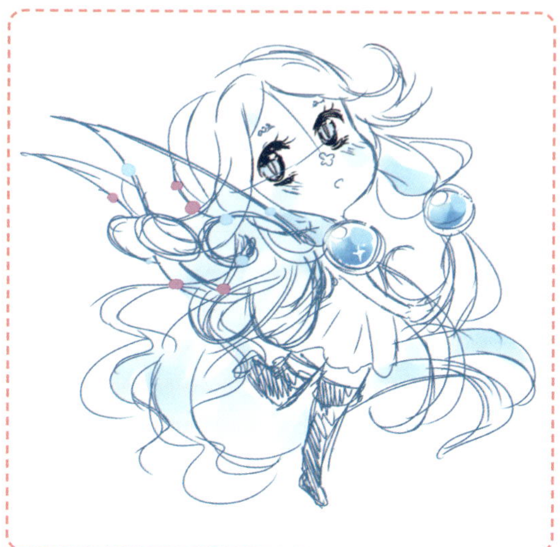

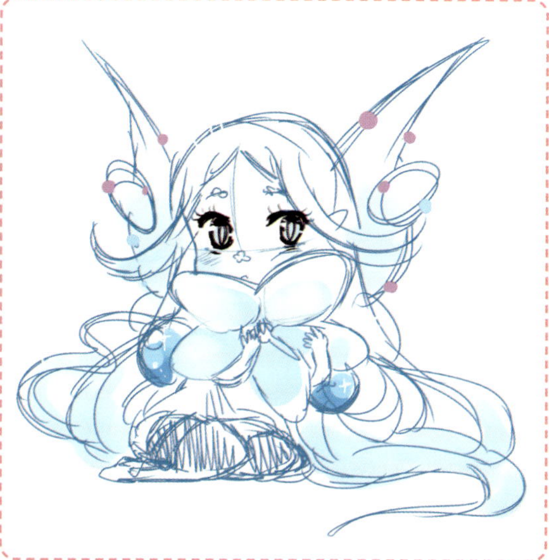

1. SKETCH • BOCETO

• Play around with several sketches and then pick one to develop.

• *Jugamos con varios bocetos para acabar desarrollando el de la derecha.*

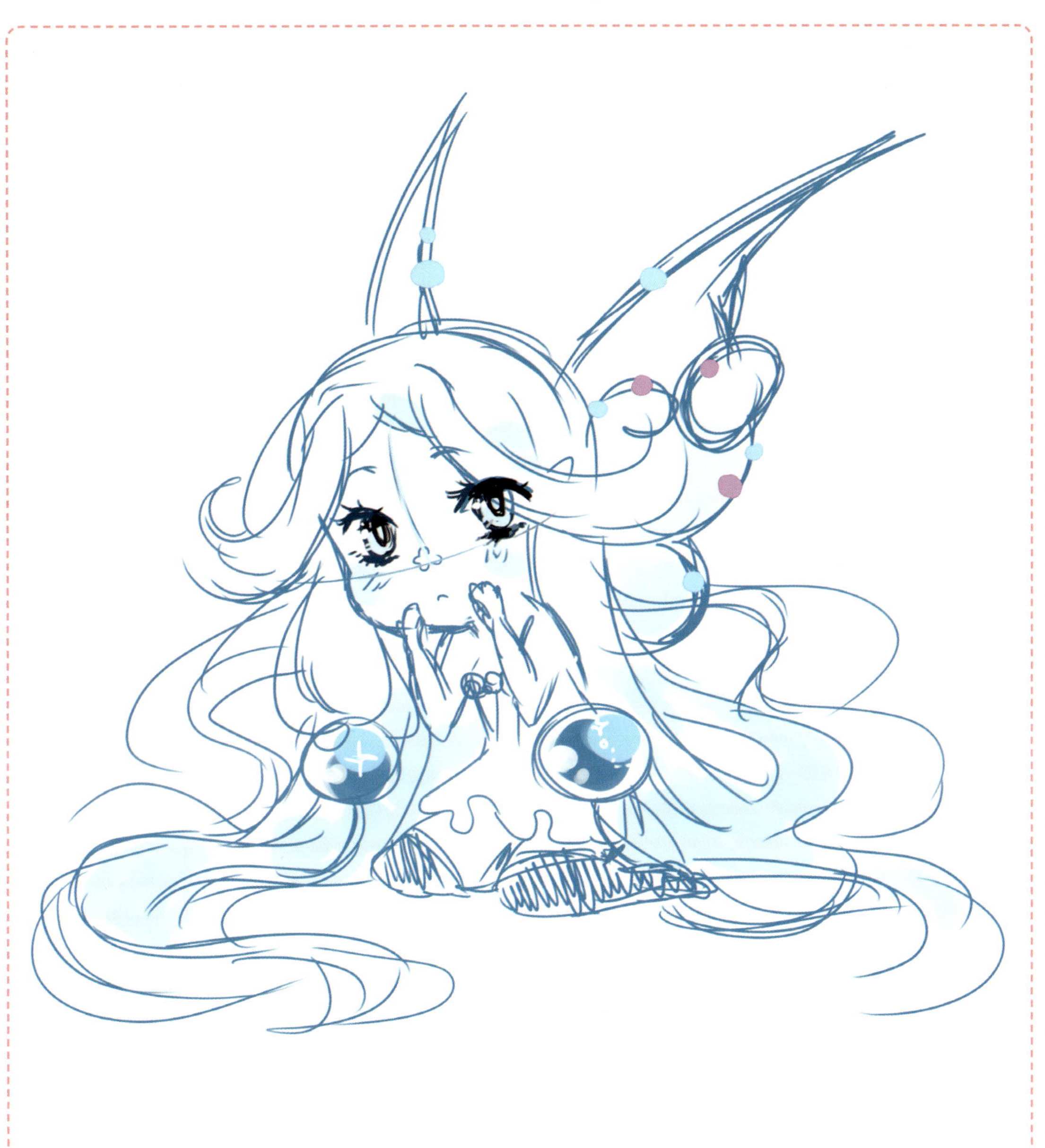

Artist: Hetiru

Web: www.deviantart.com/hetiru

2. STRUCTURE • ESTRUCTURA

• Sketch the body structure of the little fairy. At this stage, it's good to explore different angles until you get the exact pose you want.

• *Dibujamos la estructura del cuerpo de la pequeña hada. Es bueno explorar diferentes ángulos hasta escoger la pose que deseamos.*

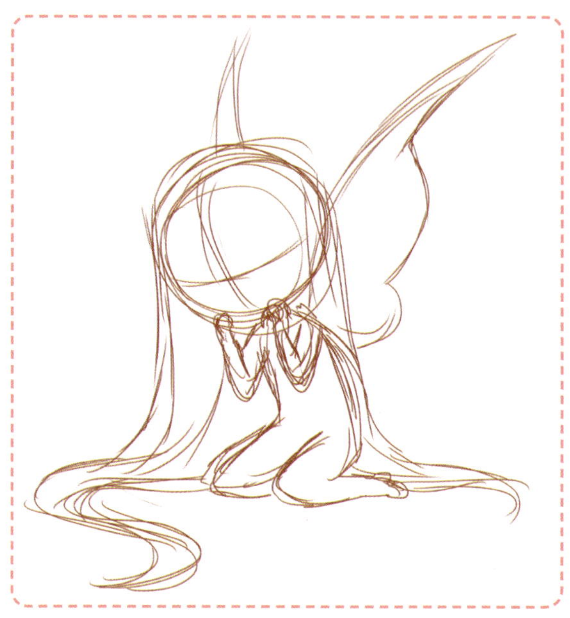

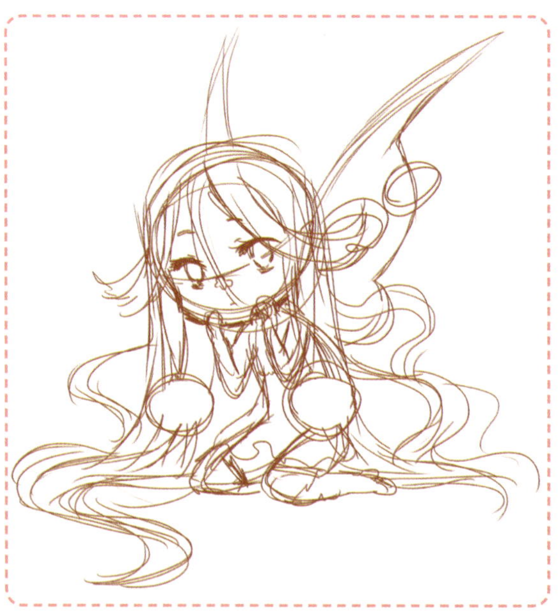

3. VOLUME • VOLUMEN

• Make your sketch clearer by drawing eyes, hair, and little details, such as the spheres.

• *Añadimos el cabello, ojos, boca, nariz y los pequeños detalles, como las esferas.*

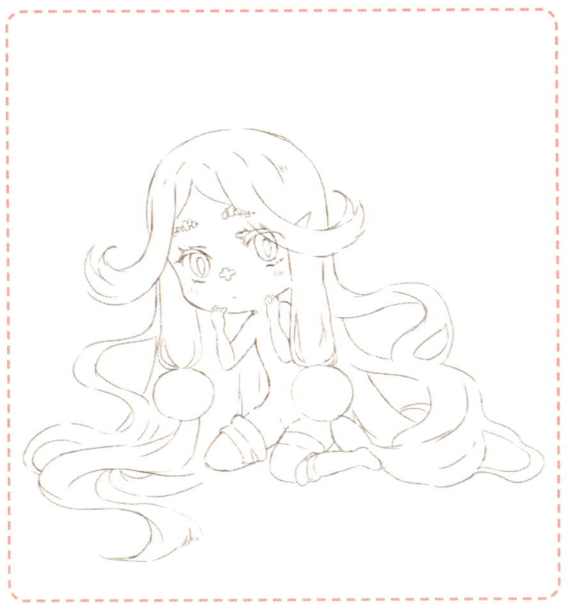

4. ANATOMY • ANATOMÍA

- Next, carefully define the chibi. Clean up the edges and apply a light outline.

- *A continuación, definimos cuidadosamente al chibi. Limpiamos los bordes y dejamos un esquema claro.*

5. DETAILS • DETALLES

- Give the character two dazzling wings with lots of details. in a new layer, draw a fun little dress.

- *Añadimos alas a nuestra hada, y con un color claro delineamos el vestido.*

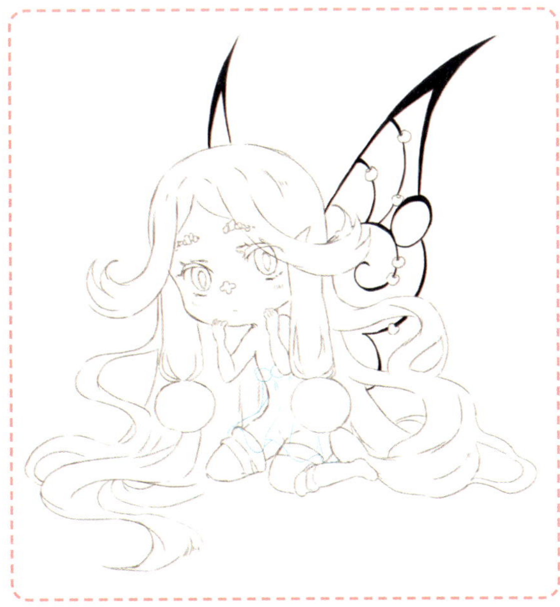

6.1. COLOR

• Begin coloring the different areas of the fairy. Use very soft translucent colors at this stage.

• *Coloreamos las diferentes áreas de la hada. Utilizamos colores muy suaves y translúcidos en este paso.*

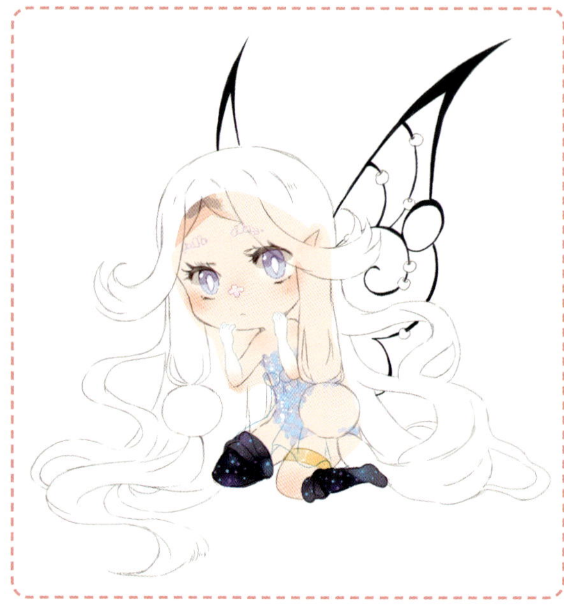

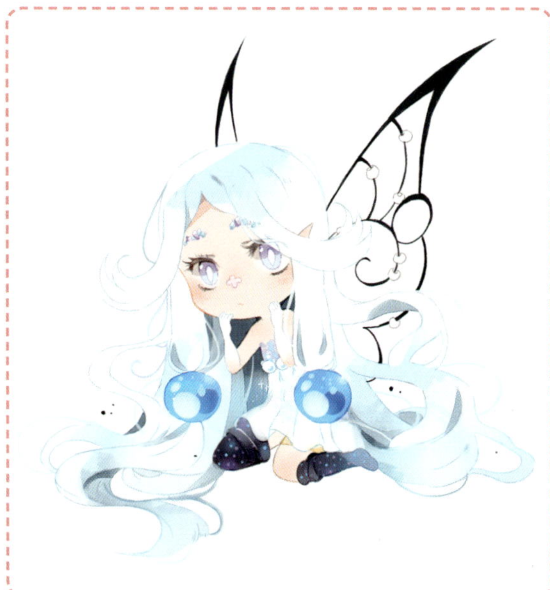

6.2. COLOR

• Add more color to her hair and dress. At this stage, her wings should be the only thing left. Play with the translucency of her dress.

• *Añadimos más color a su cabello y vestido, siempre dando un efecto metálico y brillante. Jugaremos con la translucidez de su vestido.*

7.1. BACKGROUND • FONDO

• In a new layer, draw a flower by using the "Custom Shape Tool" in Adobe Photoshop. Duplicate this flower to make a sightly bigger second one. Apply some gradients.

• *Para el fondo crearemos una flor, con la "herramienta de forma personalizada" de Adobe Photoshop. Duplicamos la flor para hacer una segunda un poquito más grande. Aplicamos colores degradados.*

7.2. BACKGROUND • FONDO

• Add glitter using a night sky texture.

• *Añadimos brillos usando diferentes texturas, creando un efecto nocturno.*

8. FINISHING TOUCHES
ACABADOS FINALES

• Apply a fun texture to the background to give it more depth. When you combine the layers, notice how the dots and blue tones fuse perfectly.

• *Aplicamos una textura divertida para el fondo creando profundidad. Cuando combinemos las capas, observaremos cómo los puntos y los tonos azules se fusionan a la perfección.*

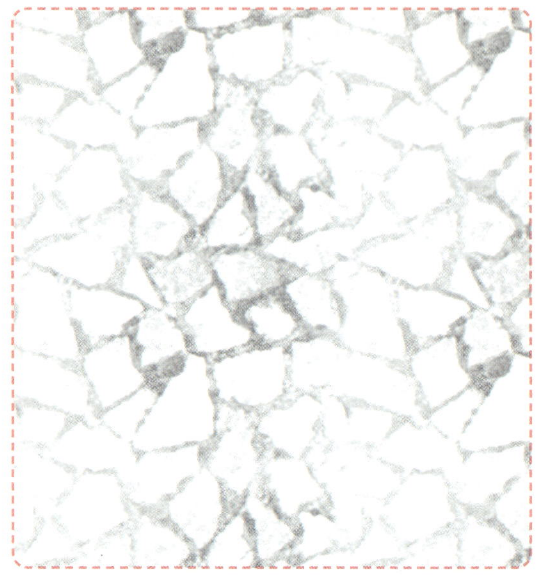

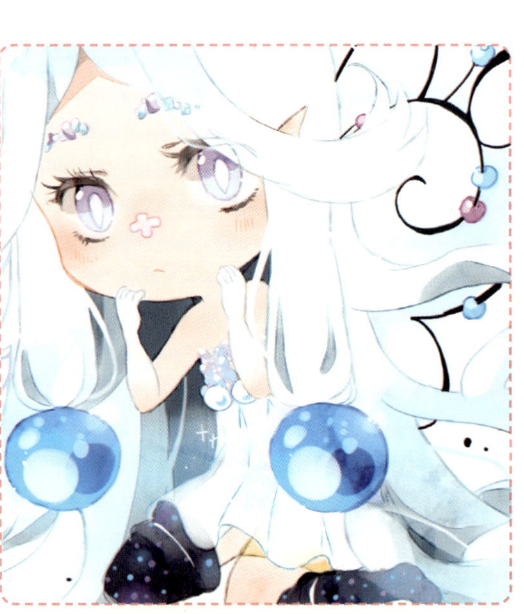

TIPS & TRICKS
TRUCOS Y CONSEJOS

• Give the character a thin white outline to highlight it against the background.

• Use different gradients to create a more interesting look on your fairy.

• You can add little flashes in different areas on the character and the background to give the image a more magical touch.

• Software used: Paint Tool SAI & Adobe Photoshop.

• *Delinear el contorno con un tono blanco para resaltarlo del fondo.*

• *Utilizamos diferentes degradados para crear un aspecto más interesante.*

• *Podemos agregar pequeños destellos en diferentes áreas del hada y en el fondo para darle un toque más mágico.*

• *Softwares utilizados: Paint Tool SAI y Adobe Photoshop.*

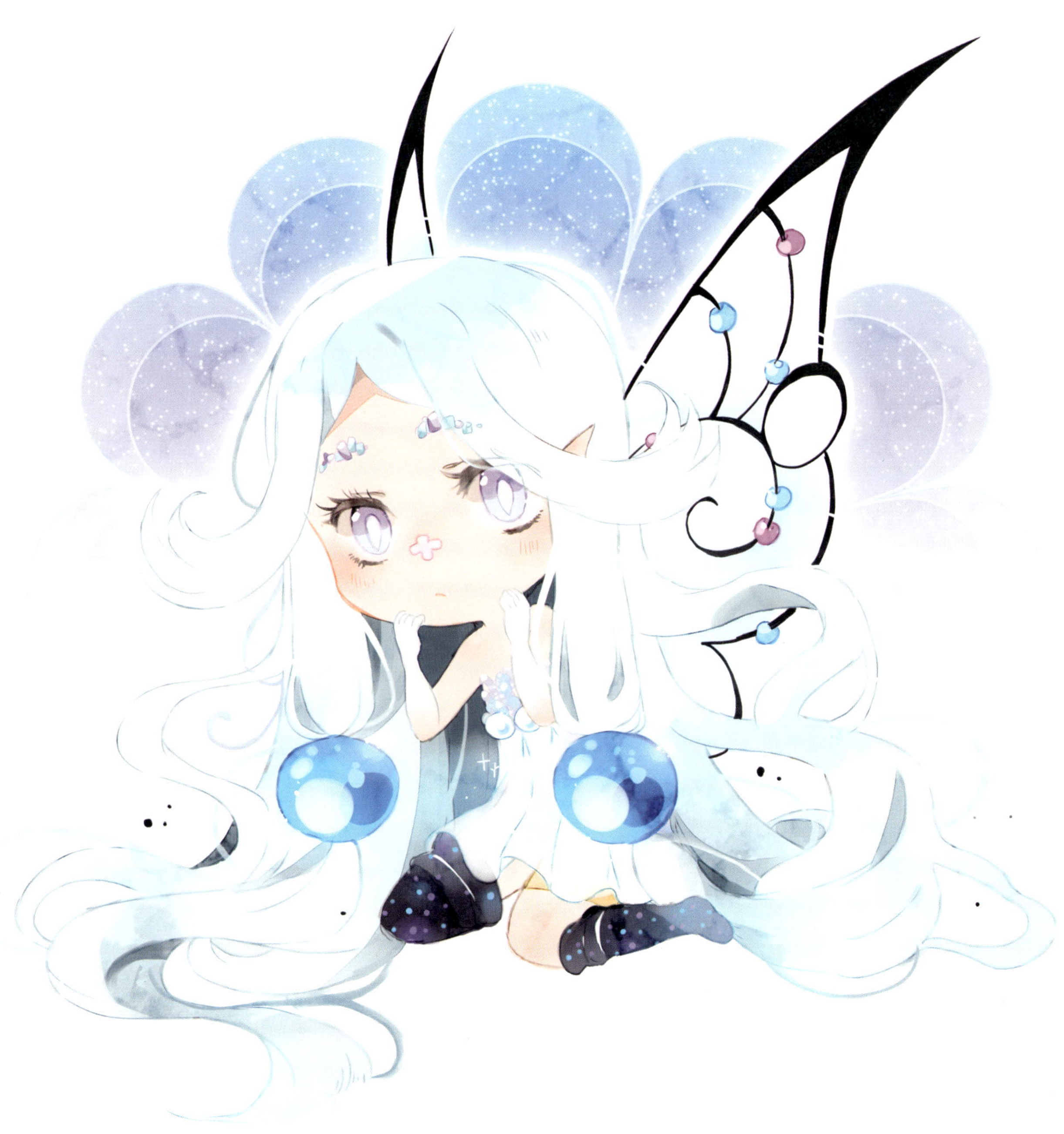

LITTLE FAMILY

• Here we have a little brother and sister that is the envy of all others in outer space. They are always playing together and having fun accompanied by their favorite pets, a rabbit, a mouse, and an octopus.

• *Esta familia son la envidia de todos los demás habitantes del espacio exterior. Siempre están jugando juntos o en compañía de sus mascotas favoritas, un conejo, un ratón y un pulpo.*

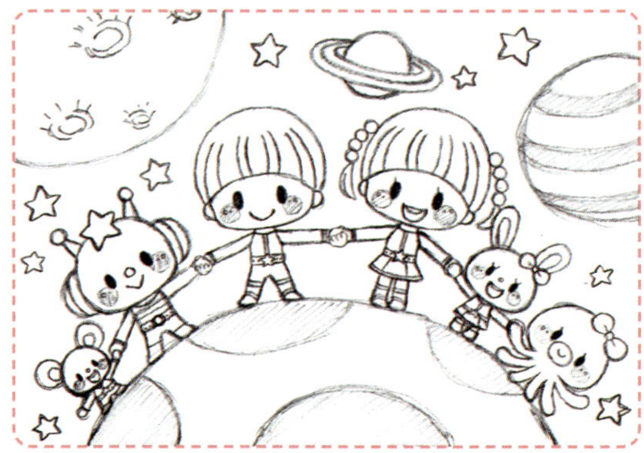

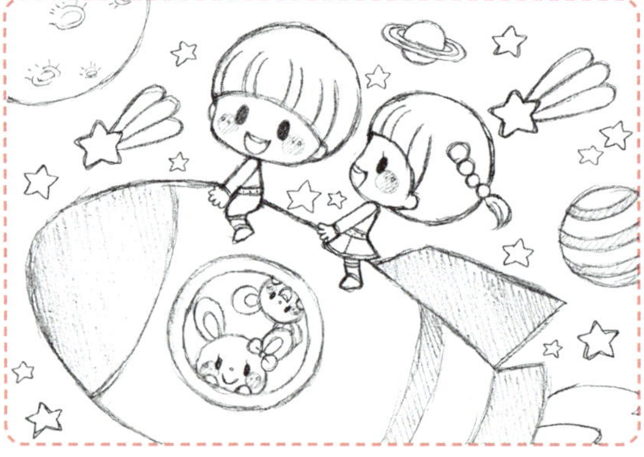

1. SKETCH • BOCETO

• Since they are always having fun, let's draw them doing what they do best in the most dynamic way possible.

• *Vamos a dibujarlos haciendo lo que mas les gusta, flotar por el espacio, en una pose dinámica y divertida.*

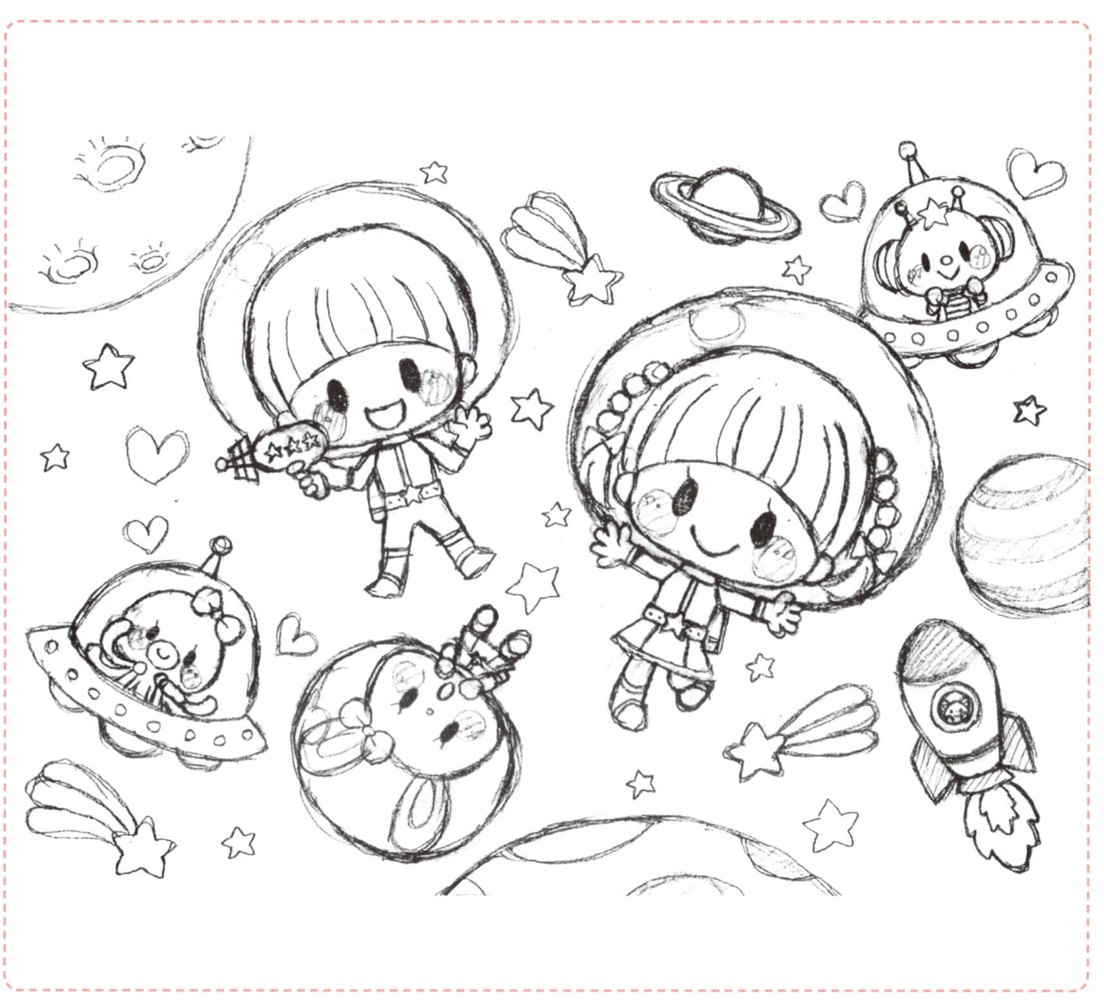

Artist: Hiroko Yokoyama

Web: www.yokoyama-hiroko.com

2. STRUCTURE • ESTRUCTURA

• Líneas simples y ordenadas, esto facilitará la creación del dibujo, siempre habrá tiempo para modificar y agregar más detalles.

• *Simple lines always make it easier when you start creating a new drawing; there will always be time to modify and add details later.*

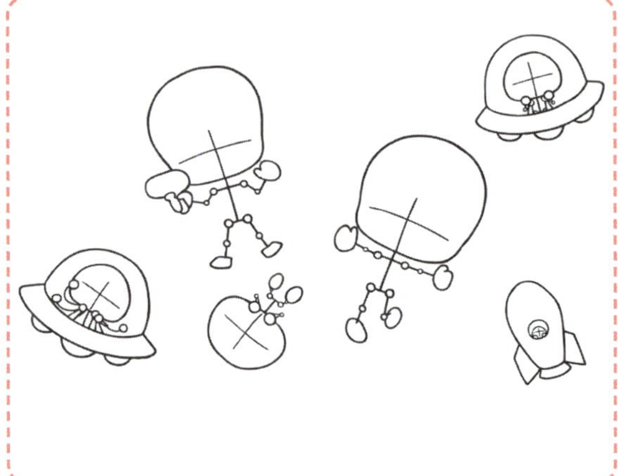

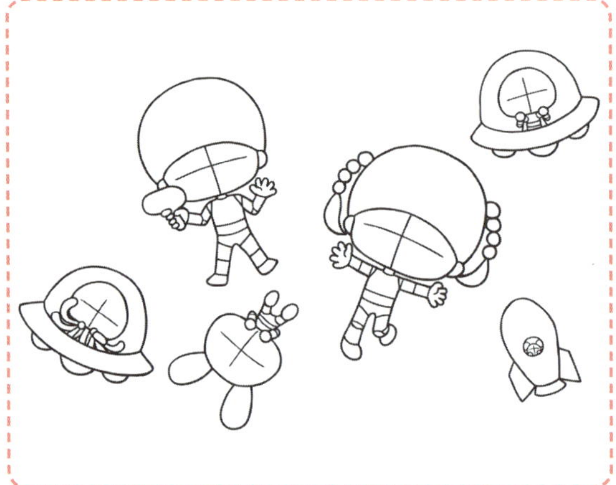

3. VOLUME • VOLUMEN

• Continuing in the same way, outline the heads and bodies. Remember, you can always make changes later, and don't be afraid to have some fun: for example, add some pigtails to the girl.

• *Continuamos esbozando sus cabezas y cuerpos. Recuerda, que siempre podemos hacer cambios más adelante. Añadimos el pelo y unas divertidas coletas a la chica.*

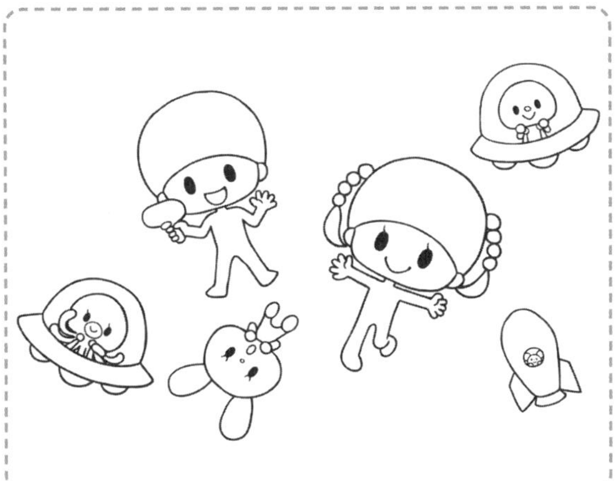

4. ANATOMY • ANATOMÍA

• Next add eyes, mouths, and noses to each character.

• *A continuación añadimos los ojos, bocas, narices de cada personaje.*

5. DETAILS • DETALLES

• Now its time to dress our characters! Style fun space suits for each one and embellish the various spacecraft.

• *¡Ahora es el momento de vestir a nuestros personajes! Colocamos trajes espaciales divertidos a cada uno de ellos y colocamos detalles como lazos, estrellas, fuego que sale del cohete.*

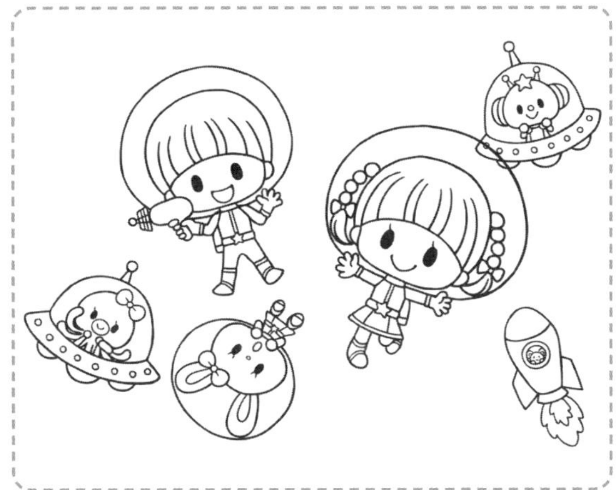

6.1. COLOR

- Choose a palette of cute colors and enjoy combining them.

- *Escogemos colores suaves que combinen entre ellos. Queremos dar un aspecto divertido por lo que sus cabellos serán de colores de fantasía.*

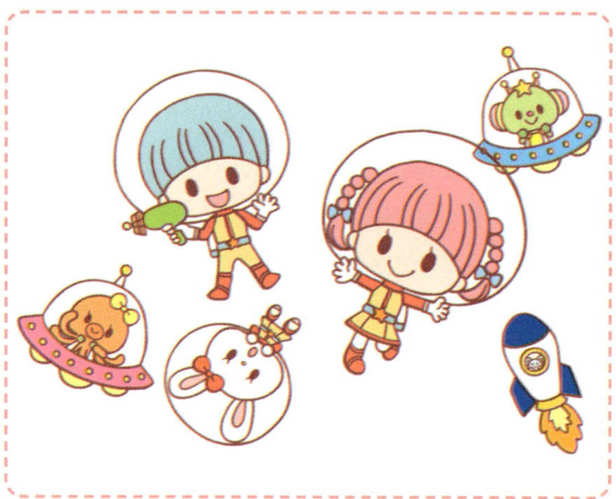

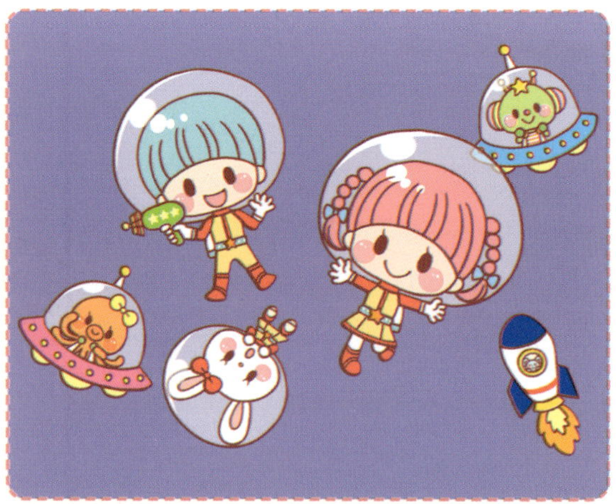

6.2. COLOR

- Fill in the background with a solid dark blue color and add little highlights to the characters' helmets. Play around with fusion layers to get the right opacity.

- *Rellenamos el fondo con un color azul oscuro y añadimos pequeños toques de luz a los cascos de los personajes.*

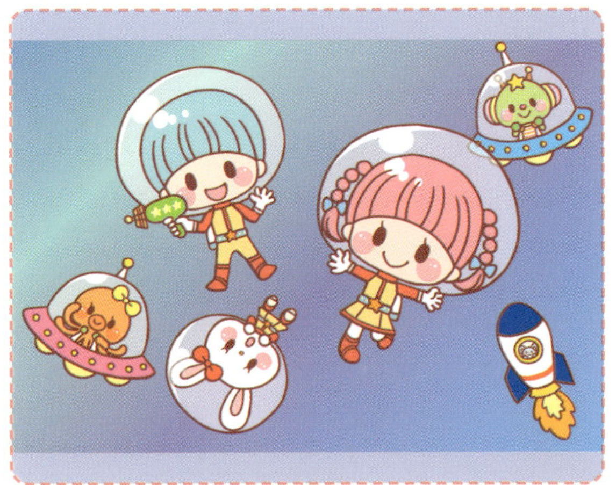

7.1. BACKGROUND • FONDO

• A subtle blue and green gradient suggests outer space.

• *Aplicamos un degradado en la capa fondo, azul y verde colores que nos sugiere el espacio.*

7.2. BACKGROUND • FONDO

• Next add different colored planets, shooting stars, and hearts.

• *A continuación añadimos los diferentes planetas, estrellas y corazones.*

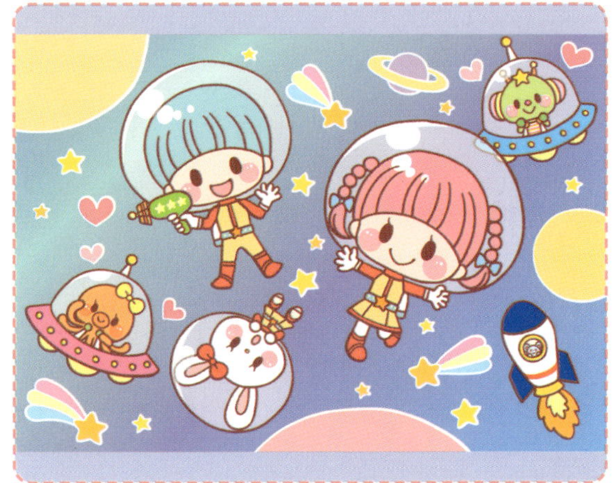

8. FINISHING TOUCHES
ACABADOS FINALES

• Add a thin black outline to the characters to make them stand out more against the background. The addition of tiny translucent white dots gives the image more depth and makes it look more like an outer space scene.

• *Añadimos un delineado blanco a todos los detalles del espacio y un delineado negro a nuestros chibis. Creamos una capa con pequeños puntos semi transparentes, creando textura al fondo.*

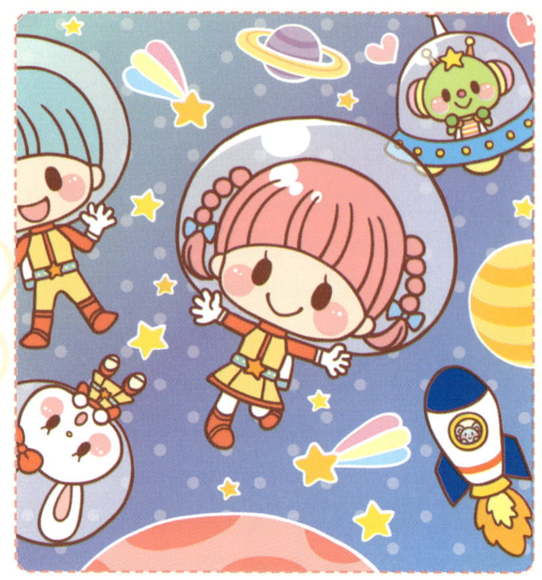

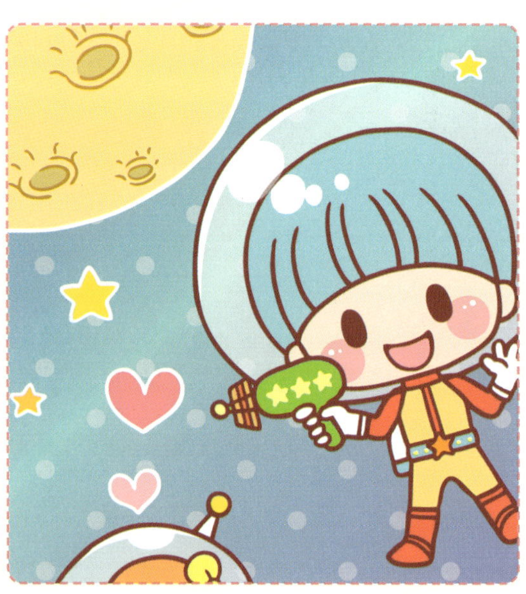

TIPS & TRICKS
TRUCOS Y CONSEJOS

• Adding craters gives the moon a more realistic look.

• Experiment with fusion effects: you might be surprised with what you come up with!

• Software used: Adobe Illustrator & Adobe Photoshop.

• *Agregamos detalles a la luna dando un aspecto más realista.*

• *Experimenta con los efectos de fusión: ¡puede que te sorprendas con lo que se le ocurre!*

• *Softwares utilizados: Adobe Illustrator y Adobe Photoshop.*

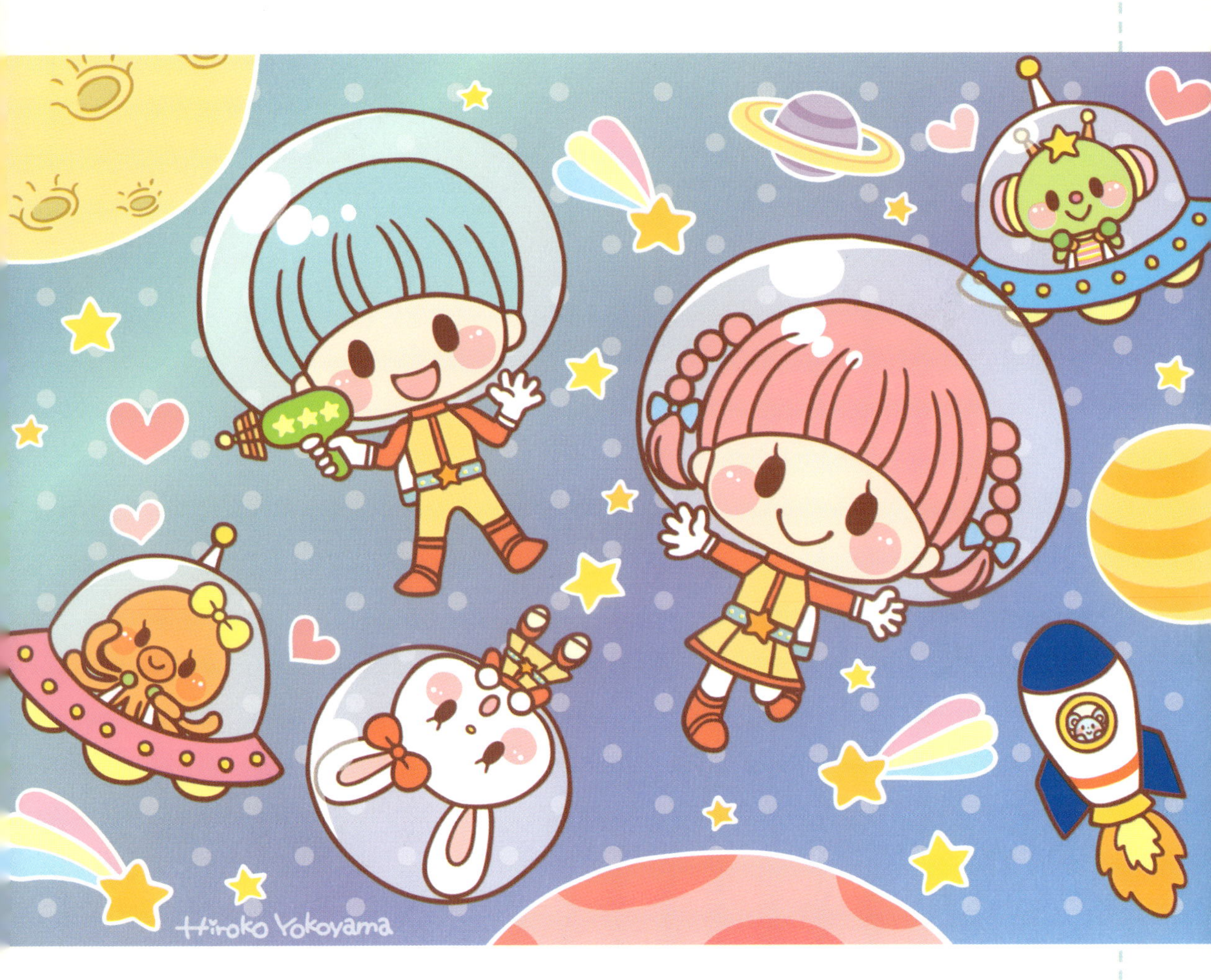
Hiroko Yokoyama

STARRY NIGHT

• Sasha is one of Queen Luna's daughters. She is always very cheerful and friendly to everyone she meets. Every night, she gazes up at the stars from her balcony and dreams about meeting a prince.

• *Sasha es una de las hijas de la reina Luna. Siempre esta muy alegre y es amable con todos los que conoce. Cada noche, ella mira a las estrellas desde su balcón y sueña con conocer a un príncipe.*

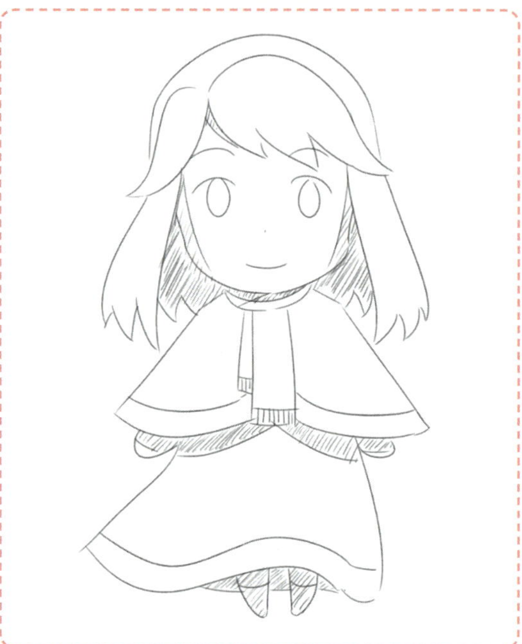

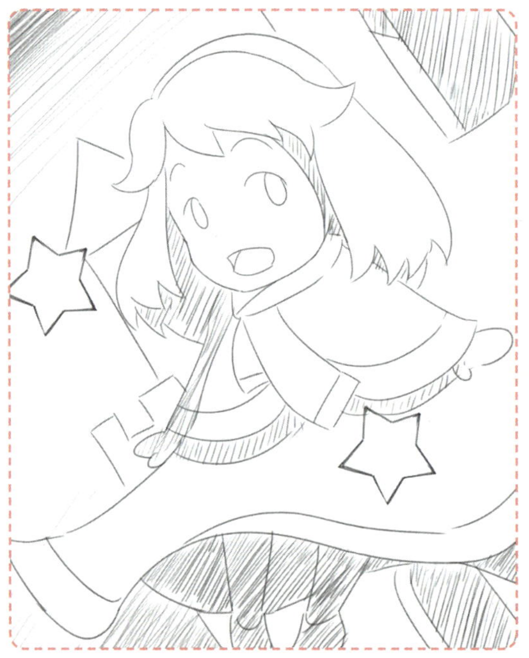

1. SKETCH • BOCETO

• Choose an image that is representative of Sasha and what she enjoys to do: stargazing. The pencil sketch on the right is perfect!

• *Elegimos una imagen representativa de Sasha mostrando lo que le gusta hacer (observar las estrellas).*

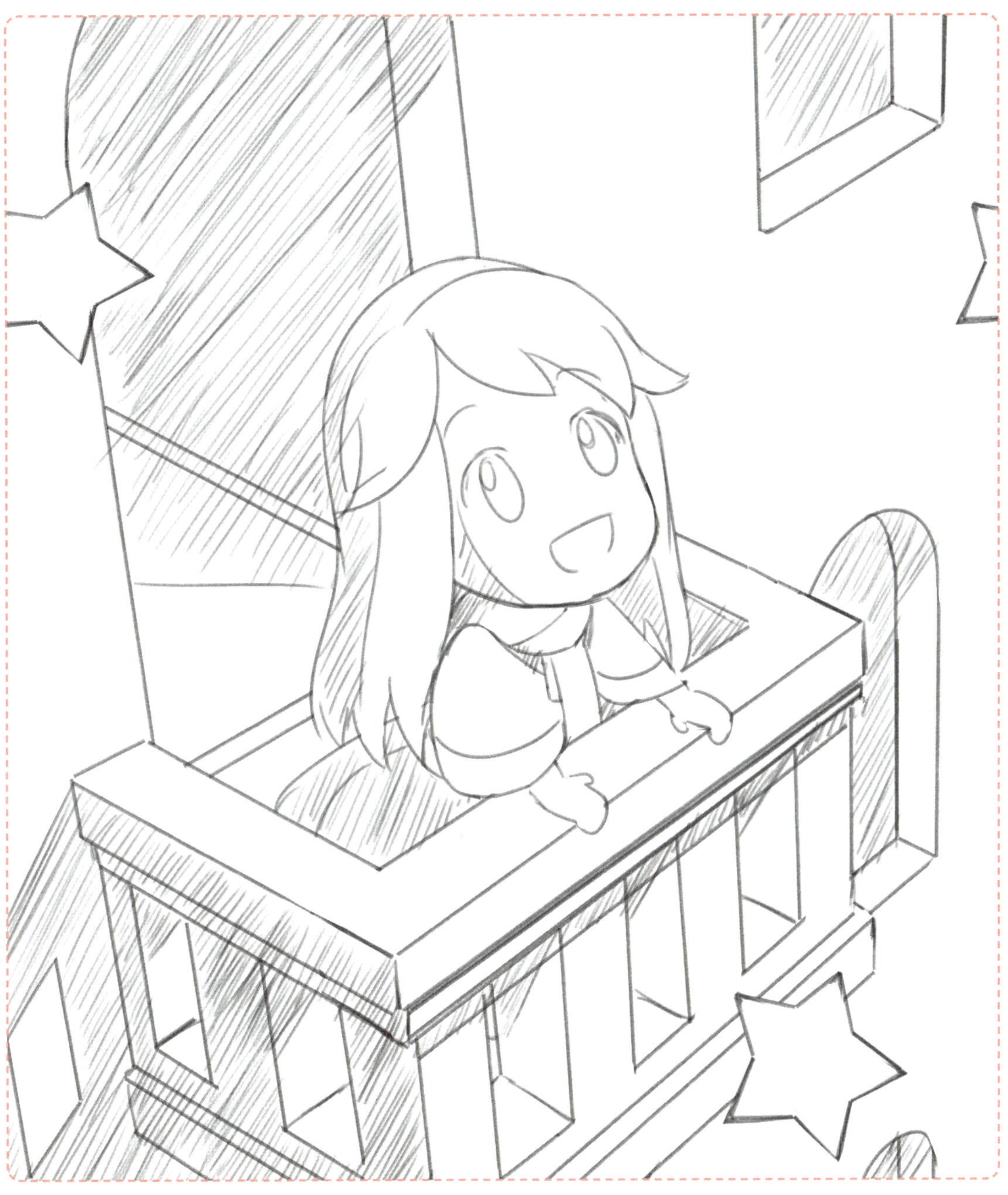

Artist: Harousel

Web: www.deviantart.com/harousel

2. STRUCTURE • ESTRUCTURA

- Outline her pose. You want her to appear to be leaning over the balcony and looking up eagerly.

- *Creamos la pose, situamos el chibi ligeramente inclinado sobre el balcón y mirando ansiosamente.*

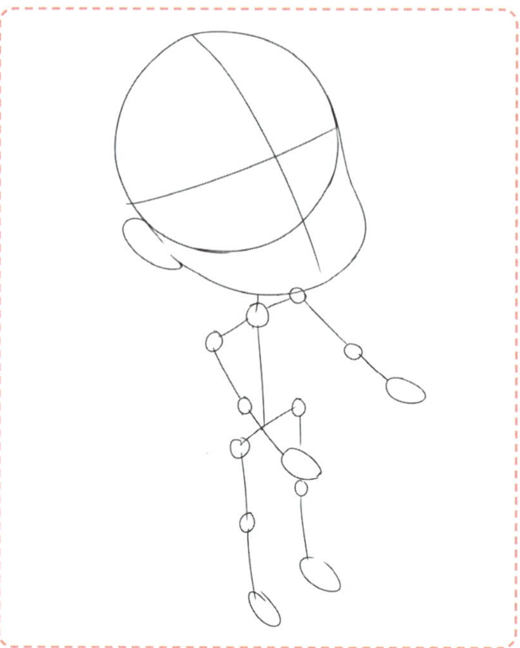

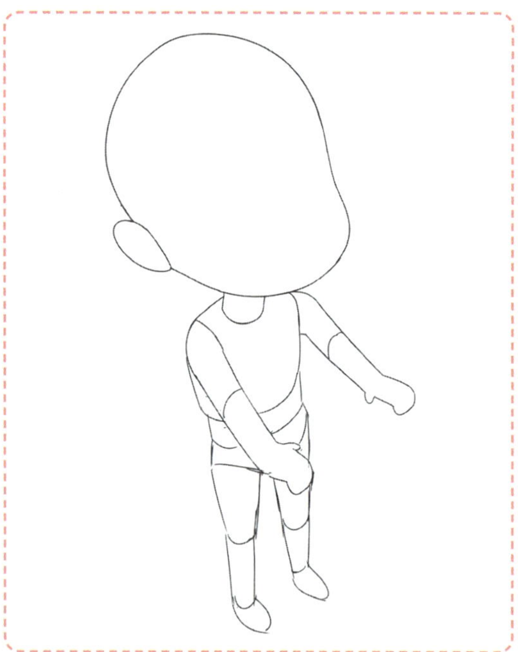

3. VOLUME • VOLUMEN

- Using thin lines, draw her body based on the outline created in the previous step.

- *Usamos líneas finas, para dibuja su cuerpo basado en el esquema creado en el paso anterior.*

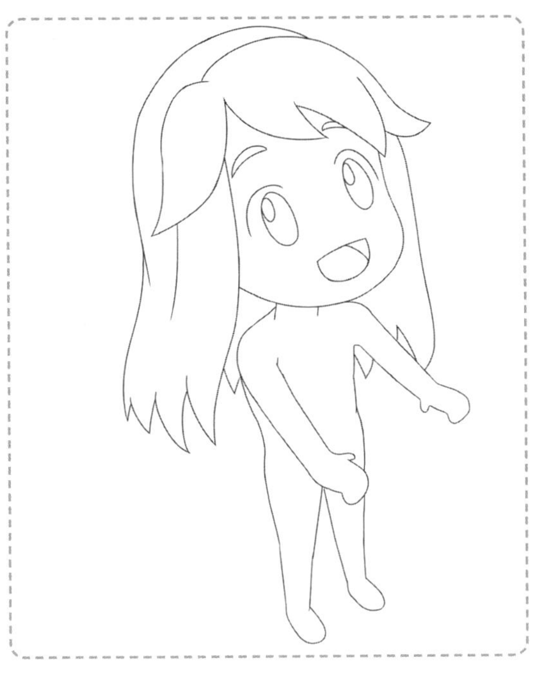

4. ANATOMY • ANATOMÍA

• Add hair and large, expressive eyes, and then her mouth.

• *Añadimos el pelo, unos ojos grandes y expresivos, y su boca.*

5. DETAILS • DETALLES

• Now draw the balcony and her clothes. Since she is a princess, she should be dressed in a royal gown.

• *Ahora dibujamos el balcón y la ropa. Ya que ella es una princesa, ella debe llevar un traje real.*

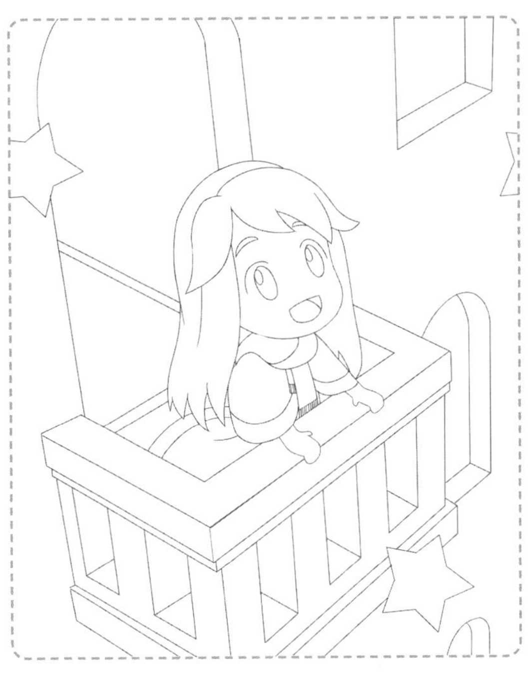

6.1. COLOR

• Start to fill in some basic colors for the hair, skin, and clothes.

• *Comenzamos a aplicar colores planos para el cabello, la piel y la ropa.*

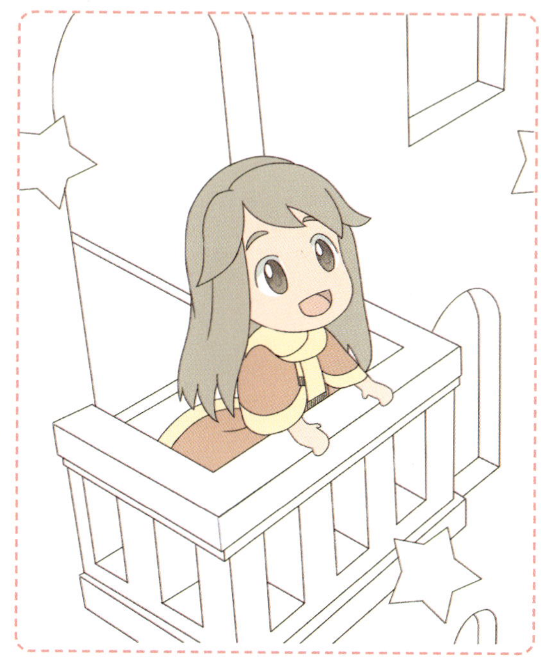

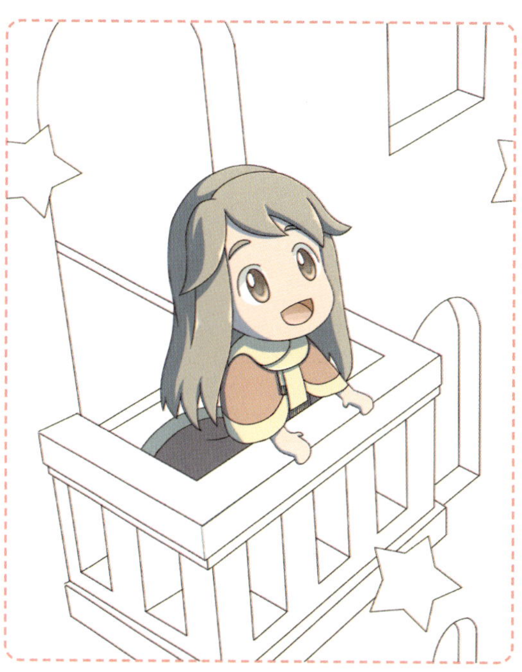

6.2. COLOR

• Chose the source of light, in this case above the character, and then add shading to give her more depth.

• *Colocamos la fuente de la luz sobre el personaje, añadimos el sombreado para darle más profundidad.*

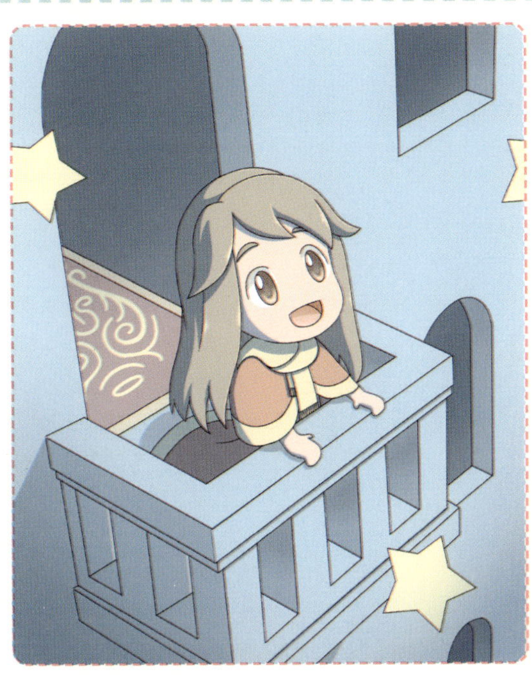

7.1. BACKGROUND • FONDO

• Explore some basic colors for the background. The scene is set at nighttime, so dark colors should be used for the castle.

• *Utilizamos colores básicos para el fondo. La escena se desarrolla de noche por lo que utilizamos colores oscuros para el castillo.*

7.2. BACKGROUND • FONDO

• Add some details to the wall. The bricks will give the building the look of a castle.

• *Añadimos algunos detalles a la pared. Los ladrillos darán al edificio el aspecto de un castillo.*

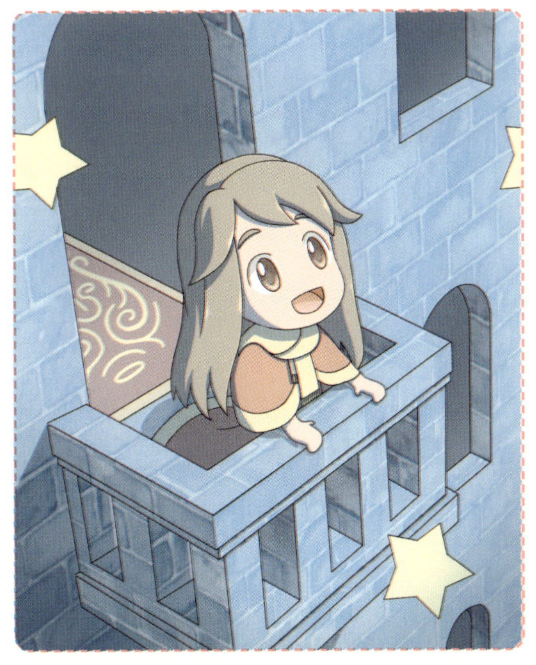

8. FINISHING TOUCHES
ACABADOS FINALES

- All that remains is adding a glowing effect to the stars, and then the image is done!

- *Damos a su rostro un brillo especial, usando el reflejo de las estrellas.*

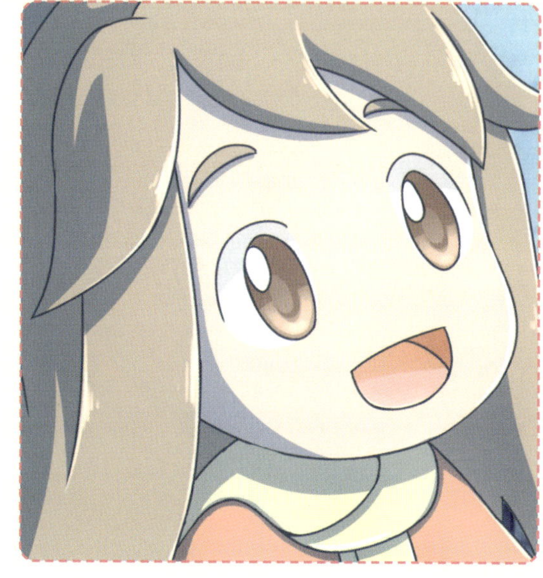

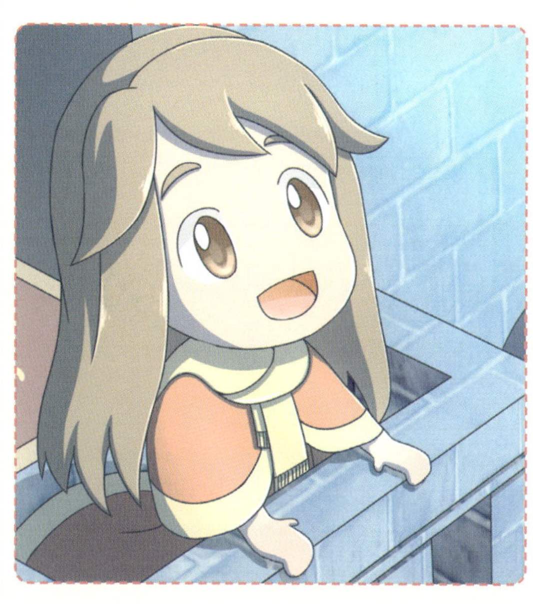

TIPS & TRICKS
TRUCOS Y CONSEJOS

- Don't forget to color the outline to make it better.

- To make a glow effect, you can use "color dodge" in the "layer option" menu.

- To make shadows, you can use dark colors or use "multiply" in the "layer option" menu.

- Software used: Clip Paint Studio & Photoshop CC.

- *No te olvides de delinear el contorno para destacar a nuestro chibi.*

- *Para hacer un efecto de brillo, puedes utilizar "Color Dodge" en el menú "opción de capa".*

- *Para hacer sombras, puede utilizar colores oscuros o use "multiplicar" en el menú "opción de capa".*

- *Softwares utilizados: Clip Paint Studio y Photoshop CC.*

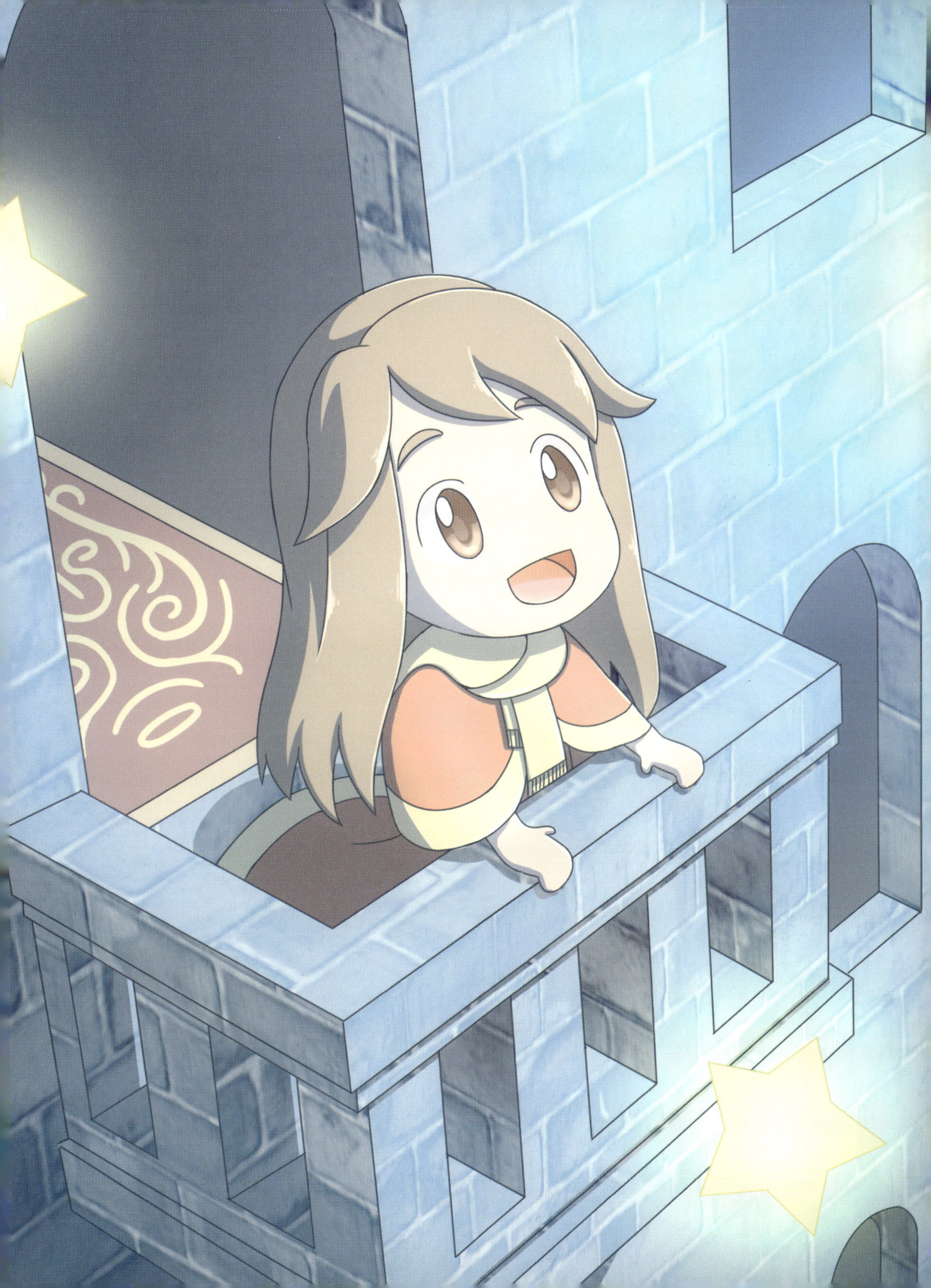

MECHA CHIBI

• Mecha (robots) are very popular around the world, but especially in Japan and America.

This Mecha is a fighter. He often goes to battle with other robots and is used to getting injured, but he's a tough fighter who refuses to give up!

• *Mecha es un robot muy popular en todo el mundo, pero sobre todo en Japón y América.*

Mecha es un robot luchador. A menudo va a luchar con otros robots, pero lamentablemente puede lesionarse. ¡Él es un luchador duro que nunca se rinde!.

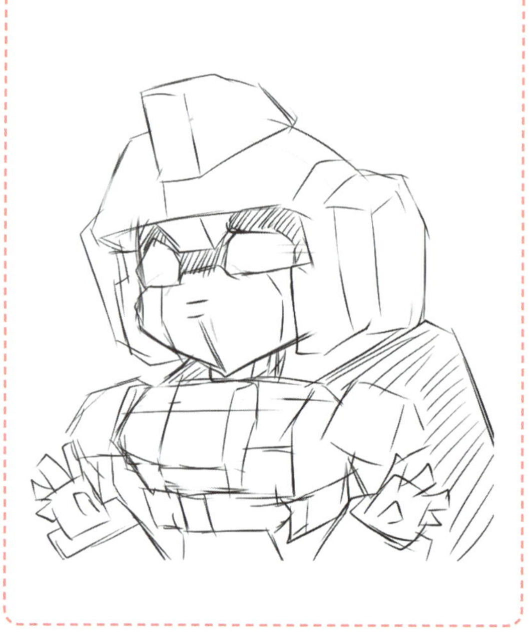

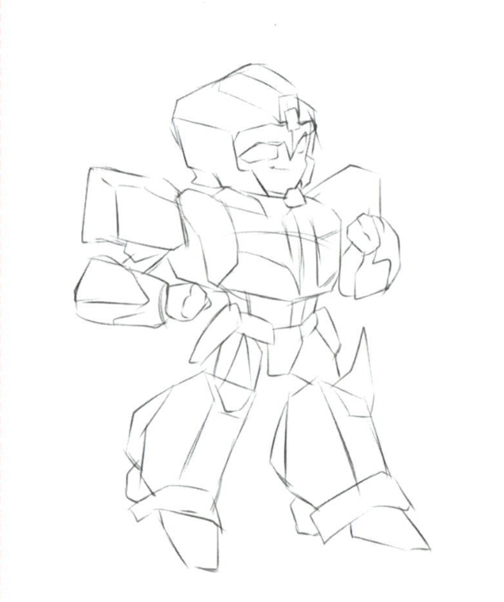

1. SKETCH • BOCETO

• Explore some different options for how you want your robot to look. It's best to keep your lines neat so that you have a clear understanding of what the character should look like.

• *Valoramos diferentes opciones sobre el diseño del robot. Lo mejor es mantener las líneas ordenadas de modo que la posición sea clara y sencilla.*

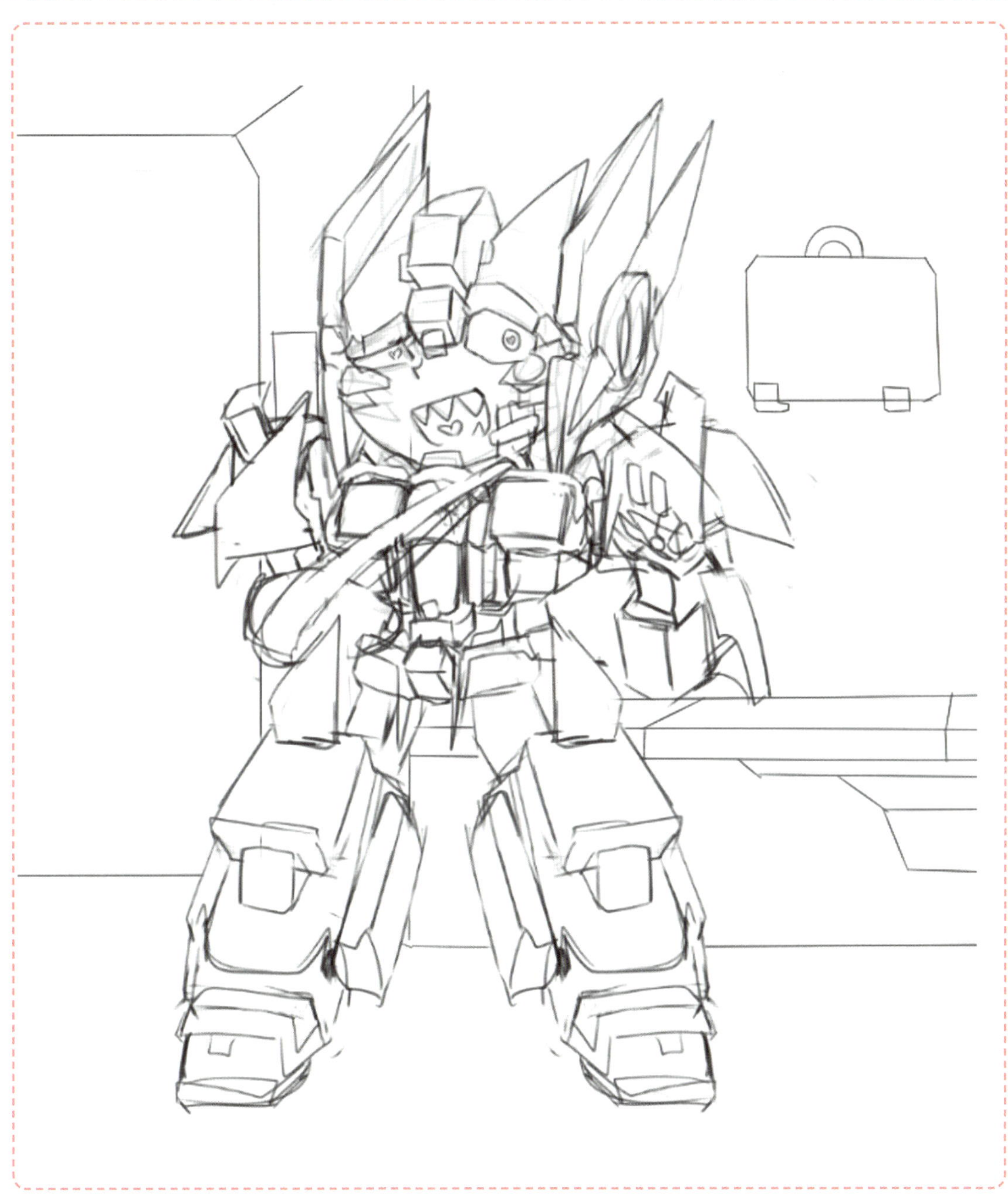

Artist: LillinApoc

Web: www.lillinapoc.com

2. STRUCTURE • ESTRUCTURA

• Begin by drafting the Mecha's pose using simple lines and points. Don't forget to take into account how tall you want him to be.

• *Comenzamos por la dirección de la pose de Mecha usando líneas y puntos. Tenemos que tener en cuenta la altura de Mecha.*

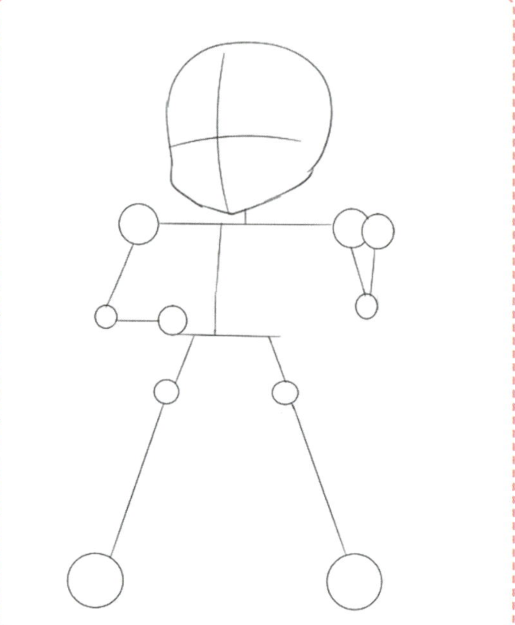

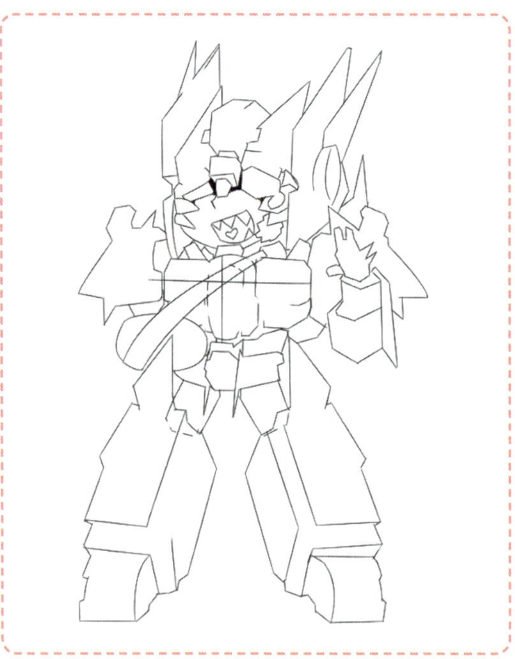

3. VOLUME • VOLUMEN

• Robots are usually blocky. Focus on using basic geometric shapes to create the Mecha's body.

• *Los robots se crean generalmente desde diferentes bloques, por sus formas geométricas.*

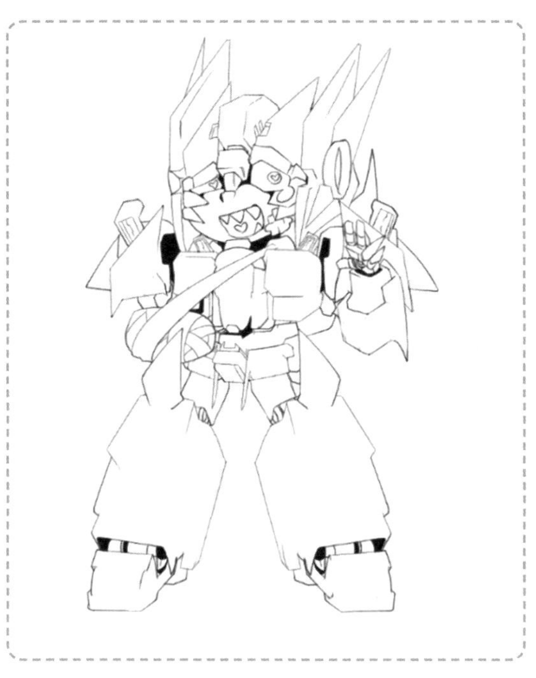

4. ANATOMY • ANATOMÍA

• After merging certain shapes together and defining his features, the Mecha should look nearly complete.

• *Después de la fusión de ciertas formas juntamos y definimos sus características.*

5. DETAILS • DETALLES

• Once the Mecha's body has been fully designed, add details such as scratches and bandages to show he's an experienced fighter.

• *Una vez que el cuerpo de Mecha ha sido totalmente diseñado, agregamos detalles tales como arañazos y vendajes para demostrar que él es un luchador experimentado.*

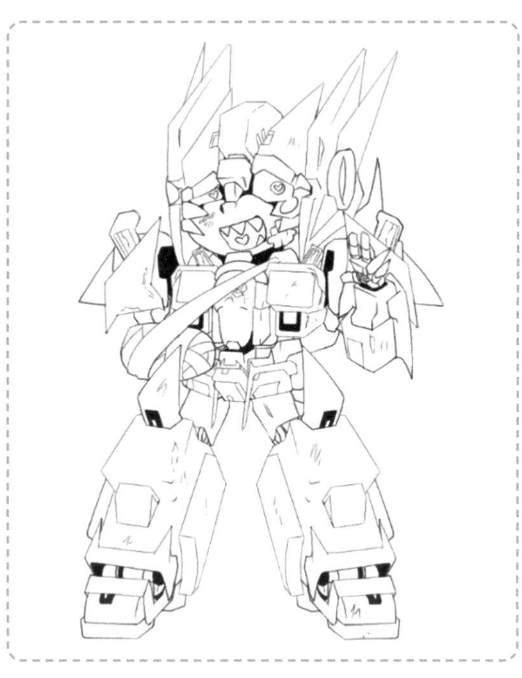

6.1. COLOR

• Now, apply flat color. Pick multiple colors to fill in the different parts of the Mecha's body so that they stand out.

• *Aplicamos colores planos. Vamos a jugar con dos tonos de grises, verdes y rojo para ir rellenando nuestro chibi.*

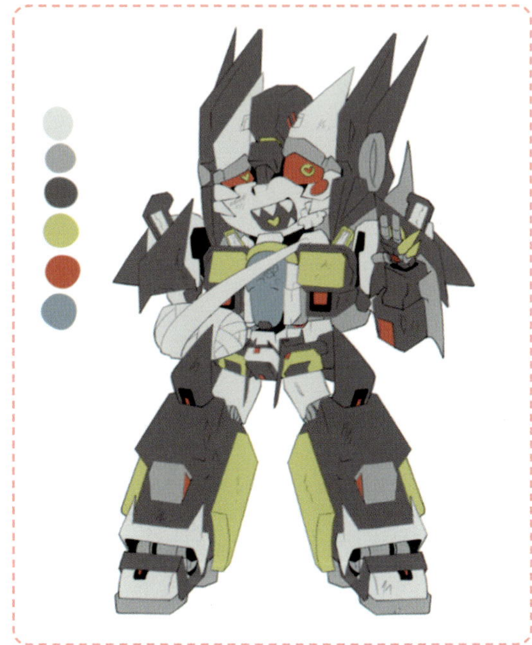

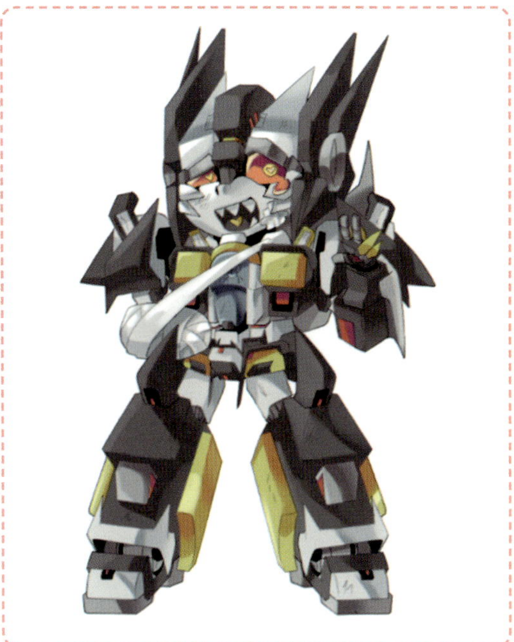

6.2. COLOR

• After distinguishing where the source of light is coming from, add shadows and reflective light to the Mecha. Note that the Mecha has a glossy metallic finish.

• *Colocamos sombras y diferentes puntos de luz. Queremos conseguir un efecto metálico.*

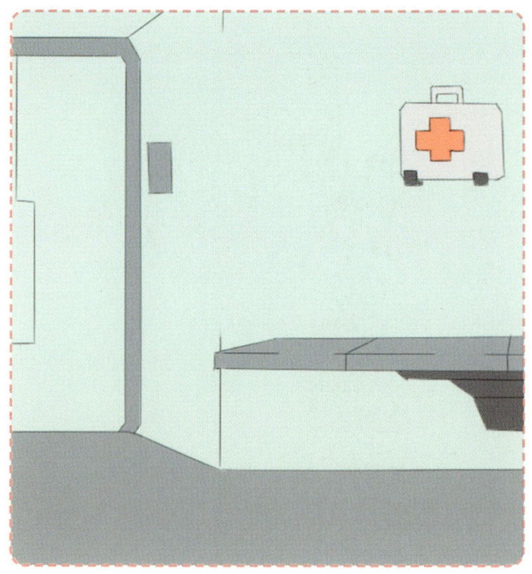

7.1. BACKGROUND • FONDO

• Design a background for your Mecha. Since the Mecha is injured from battling, the artist chose to create an infirmary.

• *Para el fondo creamos una sala de urgencias, utilizamos colores verdes y colocamos un maletín de primeros auxilios colgado de la pared.*

7.2. BACKGROUND • FONDO

• While shading the background, keep the light source in mind. You want the shadows to match the shading of the Mecha.

• *Aplicamos diferentes sombras en las paredes y suelo para dar la perspectiva y profundidad al paso fondo.*

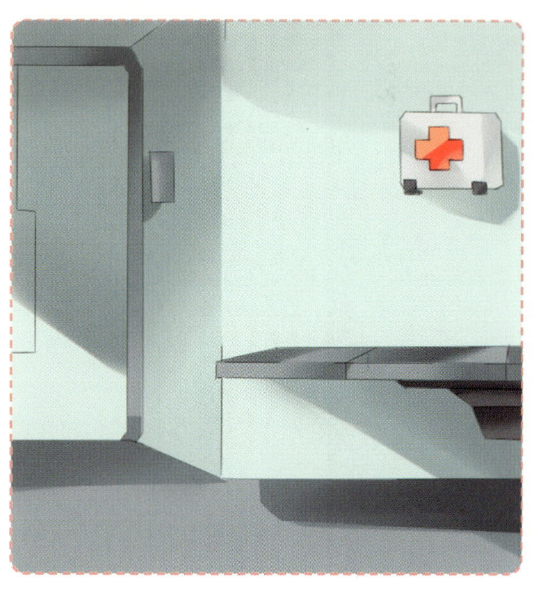

8. FINISHING TOUCHES
ACABADOS FINALES

- After merging together the background layer and the character layer, play with different color filters and lighting effects to give the Mecha a more robotic effect.

- *Combinamos la capa fondo con la del chibi, podemos aplicar filtros de colores y efectos de iluminación. Los efectos de iluminación nos ayudan a endulzar nuestra imagen, creando un efecto de atardecer.*

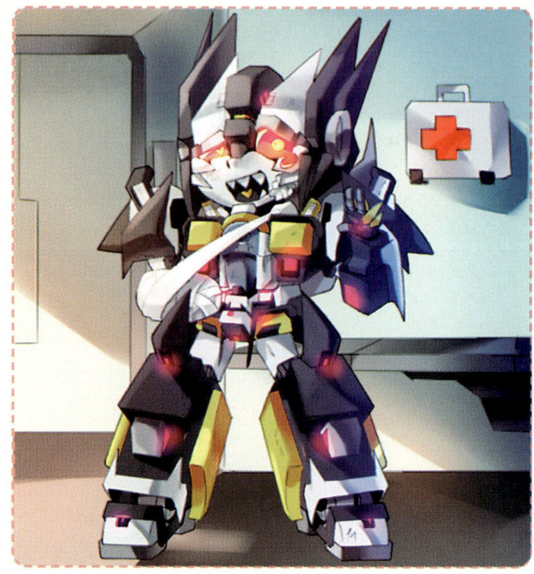

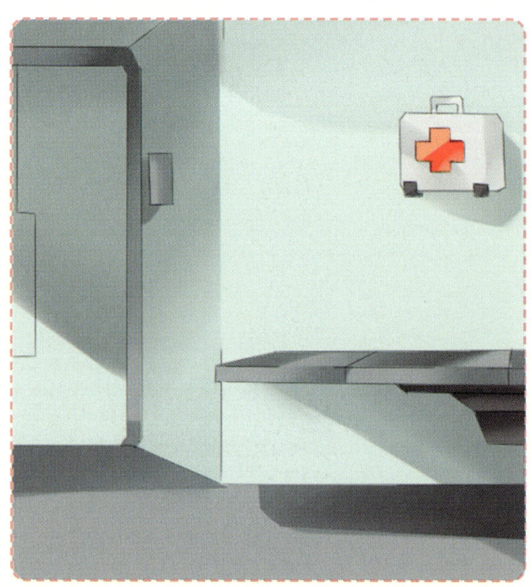

TIPS & TRICKS
TRUCOS Y CONSEJOS

- By adding a "glow effects" layer, you can create a cool glowing look to certain areas.

- Software used: Manga Studio 5.

- *Gracias a los tonos rosados creamos unos brillos en diferentes áreas de Mecha.*

- *Softwares utilizados: Manga Studio 5.*

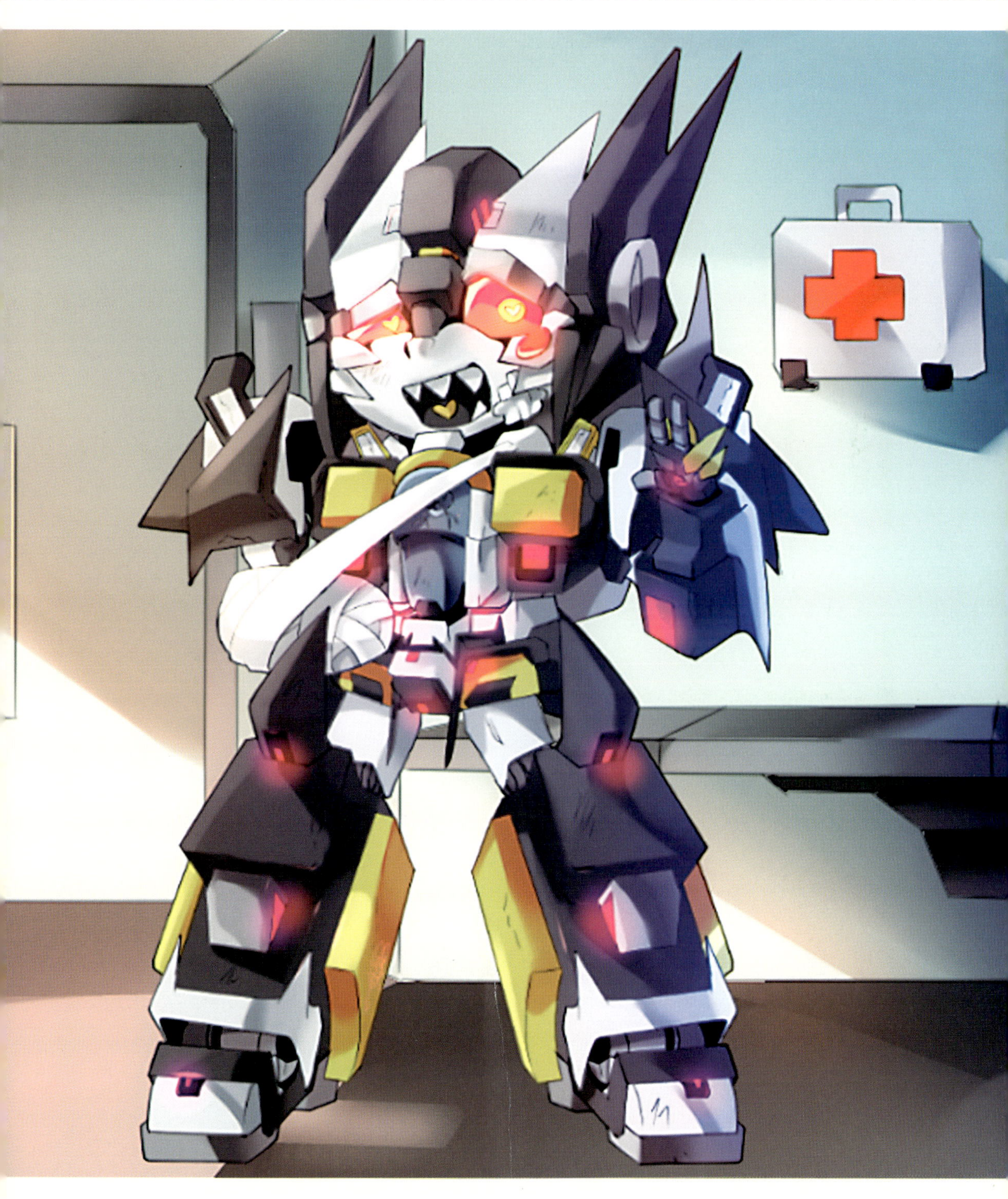

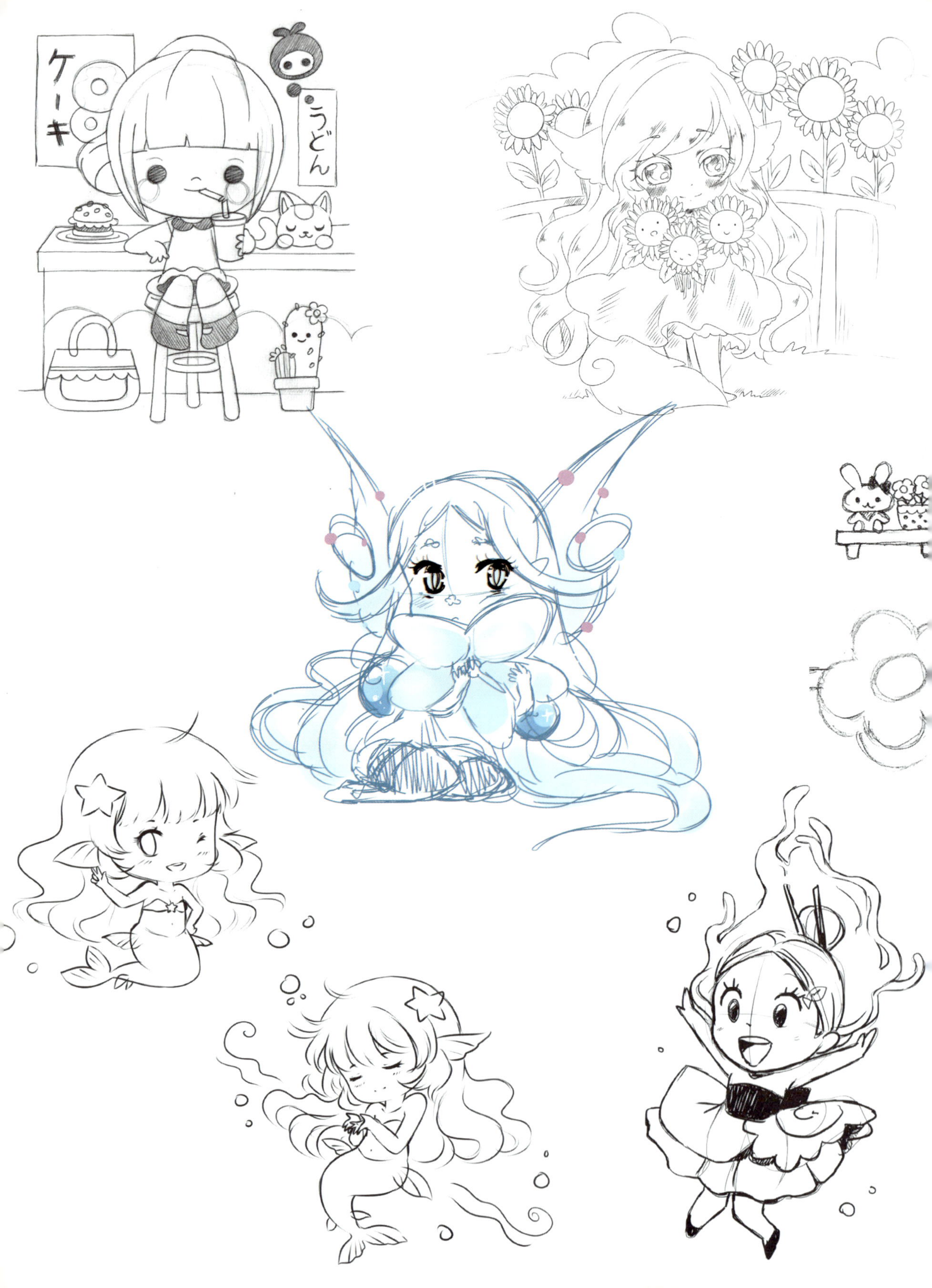
ケーキ
うどん